_____ 님께

오늘도 합격을 향해 한 걸음 더 나아간
당신에게 이 책을 선물합니다.

합격은 가장 끈기 있는 사람,
그리고 해낼 방법을 아는 이에게 돌아갈 것입니다.

뜨거운 응원을 보내며,
_____ 드림

반드시 한 번에 합격하는

초압축
암기법

1년 만에 행정고시 합격한 '신림동 전설'의

3배속 암기의 기술

반드시 한 번에 합격하는

초 압 축
암 기 법

이형재 지음

빅피시
BIG FISH

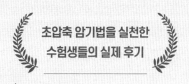

1,000페이지가 넘는 수험서를 100페이지 미만으로 끝내는 일, 불가능하다고 생각하시나요? 내용 정리의 달인, 압축 암기의 신 이형재 님과 함께하면 가능한 일입니다. 처음에는 '아무래도 내용이 좀 많이 빠져 있겠지. 설명이나 예시 같은 것도 없는 것 아니야?'라고 생각했지만, 효율적인 암기 계획법은 물론, 내용 정리, 시험별·난이도별 핵심 암기 사항, 두문자 등 다양한 암기법까지 꽉 차게 들어 있어요. 이보다 더 좋은 공부법 책은 없을 거라 자신 있게 추천할 수 있습니다.

_강**

늘 암기가 잘 안 되어서 번번이 합격하지 못하고 고배를 마셨던 사람입니다. 시험을 위한 3초(초압축, 초효율, 초관리) 전략을 이 책 덕분에 알았습니다. 자신의 약점과 니즈에 따라 골라서 찾아 읽기만 하면 이전에는 몰랐던 암기의 신세계를 알 수 있습니다. '왜 이걸 지금까지 몰라서 이렇게 생고생을 하면서 공부를 했나' 싶을 만큼 다양한 과목에 두루 적용할 수 있는 방법들입니다. 이제 저는 암기가 두렵지 않습니다. 평생의 자산을 얻었네요.

_전**

시험을 K.O. 시킬 수 있는 비장의 무기를 손에 쥐어줍니다! 시중에 있는 암기법 책들은 다 너무 두껍고 어려워서 포기했는데, 간결한 문장으로 '핵심'만 꼭 집어 쉽게 설명해줘서 시간을 절약해주는 점이 특히 좋았습니다. 순식간에 쓱 읽었는데, 책을 덮고 나니 손에 강력한 '암기법'이라는 나만의 무기가 쥐어져 있네요. 시간이 많이 없어서 늘 초조했는데 이제 든든합니다.

_허**

이런 암기법은 처음입니다. 초초초압축 핵심어를 찾아 회독하는 법, 그물망처럼 빠짐없이 중요 사항들을 머리에 넣는 법, 암기 사항을 쉽게 머릿속에서 꺼내는 법, '시험 한 달-일주일-5분 전'을 위한 암기노트 작성법 등 실전에서 바로 써먹을 수 있는 공부 꿀팁들이 가득합니다. 시험 직전에 단 한 권의 책만 읽을 수 있다고 한다면, 저는 고민 없이 이 책을 선택할 거예요.

_윤**

공부할 분량이 워낙 방대한 데다, 휘발성도 너무 강해서 늘 봤던 내용도 낯설 때가 많았습니다. '과연 내가 제대로 공부하고 있는 건가' 싶은 회의감이 들어서 멘탈이 깨지기 십상이었습니다. 이형재 님의 초압축 암기법은 콘셉트가 명확한 공부법입니다. 핵심만을 추려 빠른 회독을 할 수 있게 해줘서, 시간 대비 효율적으로 되새김하는 기분이 참 좋습니다. '이렇게 공부하는 거지!' 하는 뿌듯함도 좋고요. 시험 전까지 압축 요약과 암기법으로 정리하면서, 시험장에 핵심 사항을 놓치지 않고 그대로 가져간다면 만족할 만한 성적을 거둘 수 있을 것 같습니다. 이 책을 알아서 참 다행인 것 같아요.

_채**

고단한 수험 생활에 내리는 단비 같은 책! 직장인 수험생으로 뒤늦게 자격증 준비를 하고 있습니다. 퇴근하고 밤에 책을 펼 때마다 너무 집중이 안 되고, 외워도 머릿속에 남는 게 없어 좌절하고 있던 참에 '초압축 암기법'을 만났습니다. 특히 저처럼 시간이 부족하고, 틀리는 문제를 또 틀리는 사람을 위한 암기법도 잘 안내되어 있어서 좋았습니다. 덕분에 슬럼프에서 벗어날 수 있었습니다. 감사합니다.

_장**

고시 출신이시고, 직장을 다니면서 여러 시험에 합격하신 만큼 수험생의 마음가짐, 꼭 알아야 할 공부법에 대해서 잘 설명해주십니다. 한 문장 한 문장이 도움이 되고, 마음에 와닿습니다. 페이지를 넘길 때마다, 여러 번의 한계를 극복해낼 힘을 얻습니다. 공부하는 능력이 향상되는 것은 물론이고요. 진정으로 합격하고 싶은 큰 시험을 앞두고 두려웠는데 도전해서 나의 한계를 깨뜨릴 용기를 얻었습니다. 이형재 님을 너무 늦게 안 것이 후회될 정도입니다. 진심으로 고맙습니다.

_김**

최신 기출을 바탕으로 과목별로 전반적인 흐름과 빈출 유형을 공략하는 법 등 공부 방향을 파악할 수 있어서 좋았습니다. 현재 시점에서 '내가 공부를 잘하고 있나, 어느 부분이 부족한가, 양을 어떻게 하면 줄일 수 있을까?' 고민이 많았는데, 이 책을 읽고 핵심을 체득하는 법을 알았습니다. 공부하는 데 많은 도움을 얻고 있습니다. 감사합니다.

_이**

어떤 시험도
반드시 합격으로 이끄는 초압축의 힘

나는 중고등학교 때 '모든 과목을 20번 이상 보고 외우는 무식하게 공부하는 학생'으로 유명했다. 주변 친구들은 "형재처럼 공부했으면 전교 1등이 아니라 전국 1등을 해야 하는 것이 아닌가?"라고 했을 정도로 무작정 '때려 박는' 스타일이었다.

이런 무식한 공부법을 선택한 이유는 시험만 보면 매번 내용을 완벽하게 머릿속에 넣지 못해 '분명히 공부했음에도 불구하고' 문제를 틀리는 일이 다반사였기 때문이다. 그 당시 내가 할 수 있는 일은 반복 횟수를 늘리는 일뿐이었다. 가정 형편상 학원을 다니지 못했기에 공부 요령을 터득하지도 못했

고, 효율적인 공부법을 알지 못해 그저 열심히 반복해서 보는
수밖에 없었다.

한번은 수업 시간에 배운 내용이 도저히 이해되지 않아 교
무실까지 찾아가 선생님께 질문한 적이 있었다. 선생님은 그
저 "외워라. 외우면 되는 기라"만을 반복했고, 내용을 자세히
설명해주지도 않았다. 인터넷도 원활하지 않았던 시절, 지방에
서 효율적인 공부 방법에 대한 정보를 찾는 것조차 어려웠다.

그러나 그 뒤로 한 가지 깨달음을 얻으면서 상황은 완전히
바뀌었다. 대입 수능부터 시작해서 행정고시와 같은 어려운
시험에 합격했고, 직장생활을 하며 미국회계사(AICPA), 국제
재무분석사(CFA), 공인중개사 등 다양한 자격증 시험에 합격
할 수 있었다.

암기법을 찾은 후
1년 만에 고시에 합격하다

처음에는 그저 열심히 보면서 외우기만 했다. 그렇게 반복
횟수만을 늘리며 공부하다 보니 어느 순간 20번 이상 보게 된
것이었다.

책을 20번 이상 보려면 정말 많은 노력이 필요하다. 쉬는 시간에도, 화장실을 가면서도, 등하굣길 .버스 안에서도, 시험 직전에도 반복해야 했다. 그렇게 소위 '노가다'와 같은 공부 방법으로 부족한 암기를 극복했다. 내가 서울대학교에 입학할 수 있었던 것은 수십 번을 죽도록 보면서 내용을 샅샅이 외워 가며 공부한 덕분이라고 할 수 있을 것이다. 다만 중고등학교 때까지는 어느 정도 이러한 노가다가 통했지만, 행정고시를 공부하면서는 더 큰 벽에 부딪혔다. 대입 수능 때와는 비교할 수도 없이 공부량이 많았고, 주관식으로 적어야 했기에 정확하게 암기하지 못하면 내용을 적어낼 수 없었다. 공부 범위가 방대하고 공부량이 너무 많기에 단순히 고등학생 때처럼 수십 번을 봐도 암기가 잘되지는 않았다.

한번 보면 바로 그 내용을 적을 수 있을 정도로 암기력이 좋은 친구도 있었지만, 최소한 나는 그런 범주에 들어가지 않았다. 타고난 암기력이 부족하다는 이유로 내 인생이 좌초될 수는 없었다. 이때부터 나는 부족한 암기력을 극복하기 위해 '시험에 특화된 효율적인 암기법'을 찾기 시작했다. 그 결과 1년 만에 고시에 합격할 수 있었다. 그렇게 시작된 내 나름의 연구는 20년에 가까운 시간 동안 지속되었고, 시간이 지날수록 점점 더 정교해졌다. 이후 직장인이 되어서 앞에서 언급한 여러 자격증 시험에 합격한 것도 전적으로 '효율적인 암기법' 덕분이다.

지금도 강의실로, 유튜브로, 수많은 수험생의 고민이 몰려온다. 그 고민 중 가장 큰 비중을 차지하는 것이 바로 '암기'에 대한 고민이다.

"암기가 잘되지 않습니다" "결국 시험은 암기해야 점수를 받는 것이잖아요. 저 같은 사람은 결국 암기를 제대로 못 해서 떨어질 것 같아요"와 같은 말을 한다. 이럴 때 나는 "사람마다 능력은 다르지만, 시험에 합격할 정도의 암기력으로는 만들 수 있습니다"라고 말한다. 이렇게 확신을 가지고 말할 수 있는 것은 그만큼 많은 경험이 있기 때문이다. 누구나 방법만 알면 다른 결과를 만들어낼 수 있다.

짧은 시간에 최대 효율을 내는 초압축 암기법

20년에 가까운 기간 동안 시험에 최적화된 암기 방법을 찾는 과정에서 얻은 결론은 '초압축'이었다. '모든 것을 외우겠다'는 마음보다 '모든 것을 다 암기할 수는 없다'는 사실을 받아들이는 것이 효율적인 암기의 시작이다. 사람이 암기할 수 있는 분량은 한정되어 있다. 그렇기에 암기에 있어서 가장 중요한 것은 암기량을 최대한으로 줄이고 종국엔 외울 사항을 없애는 것이다. 실제로 나는 강의를 할 때 1,000페이지 정도의 내용을 시험 마지막에 20페이지 이내로 줄여준다. 그것만 봐도 합격점을 받을 수 있다는 후기가 많다. 20페이지 이내라면 시험 전날 다 볼 수 있고, 전날 본 내용은 대부분 기억이 나기 때문에 내용을 잘 줄이기만 하면 암기력이 부족해도 좋은 결과를 얻을 수 있는 것이다.

초압축을 위해서는 각 시험에 맞는 구체적인 방법, 다양한 스킬을 알아야 한다. 준비하는 시험의 종류에 따라, 시험까지 남은 기간에 따라, 수험생의 성향과 상황에 따라 바로 적용할 수 있도록 책을 구성했다. 1, 2장에서는 암기의 원리를 짚어주고, 3~5장에서는 상황별 암기법을 제시했다. 3장은 처음 만나는 내용을 효과적으로 외우는 법, 4장은 중요 부분들을 추려내는 법부터 전체적인 통암기가 필요할 때의 암기법, 5장은 시험 한 달 전부터, 일주일, 5분 전까지 최대한의 효율을 끌어올릴 수 있는 암기법, 6장은 초압축 암기를 생활화할 수 있는 일상 루틴을 소개했다.

암기의 기술을 익혀
실력의 자유를 얻어라

암기에는 지능보다 기술이 중요하다. 즉 암기가 잘되지 않는다고 자신의 능력을 탓하지 않기를 바란다. 물론 뛰어난 능력을 가진 사람도 있겠지만, 대부분은 비슷한 능력을 가진 보통의 사람들이다.

때로는 암기가 지루하고 귀찮은 과정이라고 느껴질 수 있다. 지금 공부하는 순간은 힘들 수 있어도 어쩌면, 이 시간은 가장 순수하게 '나 자신만을 위해서' '나를 발전시켜 나가는 순간'이 아닐까 생각한다.

나는 효율적인 암기법으로 어려운 시험에 합격했고, 직장 생활을 하며 많은 시험에 합격할 수 있었다. 효율적인 암기법을 익힌다는 것은 나의 능력을 높여주고, 내 시간을 절약해주며, 실력의 자유를 얻기 위한 하나의 좋은 수단이다.

내가 20년 가까이 고심하며 얻어낸 암기 '꿀팁'을 이 책에 모두 담았다. 실제 시험장에서도 적용할 수 있는 방법들이니, 따라 해보고 자신에게 맞는 방식으로 활용해보길 바란다. 암기가 잘되지 않아 시험 공부에 어려움을 겪는 누구라도 자신감 있게 시험장으로 들어설 수 있을 것이다.

암기의 기본 원칙

효율성만이 합격을 결정한다

암기 최적화의 기술

적게 공부하고 빠르게 합격하는 7가지 전략

3장

초압축 암기법①: 기본편

처음 만나는 내용과 문제를 기억해야 할 때

4장

초압축 암기법②: 심화편

책 한 권을 통째로 뇌에 새겨야 할 때

5장

시험 직전 솔루션

점수를 바짝 끌어올리는 한 달 전략

6장

암기 최적화 루틴

암기는 애쓰는 것이 아니라 저절로 되는 것이다

1장

암기의 기본 원칙

효율성만이 합격을 결정한다

암기 때문에 좌절했던
내가 1년 만에 고시에 합격한 비결

시험은 결국 암기다. 한국사, 영어와 같이 단순 암기가 필요한 과목들은 말할 것도 없고, 경제학, 수학과 같이 응용이 필요한 과목들도 문제 풀이 방법을 암기하고 있어야 시험장에서 빠르게 문제를 풀 수 있다. 시험 범위를 다 외울 수만 있다면야 걱정이 없다. 문제는 그게 어렵다는 것이다.

얼마 전 어떤 수험생이 수업이 끝나고 찾아온 적이 있다. 이 수험생은 내 수업을 들은 적도 없는데, 불쑥 강의실로 찾아와서 상담을 요청했다. 그것도 시험 3주 전, 시험이 거의 임박한 시점이었다.

공무원 시험의 경우 3주 남은 시점은 내용을 다 정리하고 전 과목 모의고사를 보면서 자신의 부족한 부분을 마지막으로 확인하는 때다. 그런데 이 수험생은 이 시점에 공부 방법을 고민하고 있었다.

"다른 선생님의 행정학 강의를 들었는데, 머릿속에 잘 들어오지 않았습니다. 반복하면 기억이 나겠지 싶어서 같은 강의를 4번이나 들었습니다. 그렇지만 여전히 암기가 되지 않았고, 행정학 시험 점수는 반타작이었습니다. 기출문제가 가장 많이 실린 문제집을 사서 여러 번 봤지만, 결과는 여전히 55점이었습니다. 이렇게 공부하면 진짜 이번에도 망할 것 같아서 불쑥 찾아왔습니다."

시험을 3주 앞둔 상황에서 어떻게 해야 할까? 몇 달간 해도 달라지지 않았는데 이제 와서 방법이 있을까?

나는 여러 시험을 보며 알게 된 경험을 바탕으로 2가지 암기 원리를 알려주었다.

(1) 의외로 단기간에도 암기 효과는 크게 달라질 수 있다.

시험 일주일 전까지 주요 사항이 기억 나지 않아도 상관없다. 시험 당일에만 암기하면 된다. 시험 3주 전 시점에 기억이

나지 않는다고 해서 걱정할 필요는 없다. 하지만, 시험 당일에
는 정확하게 기억이 나야 한다. 즉 '시험 당일 기억해야 할 내
용'을 정확하게 정리하는 것이 중요하다.

'기억해야 할 내용'은 시험 점수를 높이는 데 도움이 되는
것들이다. 문제를 풀 때 필요한 내용만 정확하게 기억할 수 있
도록 정리해야 한다. 그것만 잘 정리할 수 있다면 단기간에도
암기 효과는 대폭 커질 수 있다.

(2) 입력도 중요하지만 출력이 되어야 진짜 암기다.

우리는 공부할 때 '얼마나 많이 봐야 할까'를 고민하지만,
객관식 시험에서는 얼마나 정답을 잘 찍어낼 수 있는지, 주관
식 시험에서는 실제로 어떤 내용을 쓸 수 있는지가 중요하다.
단순히 입력만 많이 한다고 좋은 암기가 아니다. 출력이 되어
야 진짜 암기다.

앞의 수험생은 4번이나 같은 강의를 반복하며 입력에만 집
중했다. 이제부터는 내용을 입력하기보다 OX를 통해 지금까
지 내 머릿속에 넣은 내용을 출력할 수 있는지에 초점을 맞추
라고 조언했다.

이 2가지 암기 원리와 함께 구체적인 행정학 공부 방법을

알려주었다. 그걸 잘 실행한 덕분에 이 수험생은 3주 만에 55점에서 95점으로 점수가 대폭 상승했고, 높은 점수로 합격했다. 다시 한번 강조하지만, 조금만 방식을 바꾸면 점수는 완전히 달라질 수 있다. 심지어 시험이 임박한 시점에도!

당신의 능력과 노력이 부족한 것이 아니라 '암기법'이 부족한 것이다. 뒤에 이어지는 내용을 유심히 살펴보았으면 한다. 분명히 도움이 될 것이다.

암기를 못 한다고
머리를 탓하지 마라

당신은 암기력이 타고나는 것이라고 생각하는가? 아니면 누구든 방법을 알면 암기를 잘할 수 있다고 생각하는가?

나는 네이버 카페와 유튜브 채널, 〈당신의 공부를 진단해드립니다〉라는 코너를 통해 수험 상담을 한다. 내가 상담했던 많은 수험생이 암기력과 기억력은 타고난다고 생각하고, 암기를 잘하는 사람을 그저 '나와 다른 머리 좋은 인간'이라고 보는 경우가 많았다.

그러나 암기의 달인이나 암기법을 연구한 사람들은 누구든 암기력은 높일 수 있다고 말한다. 노르웨이의 기억력 챔피

언인 오드비에른 뷔는 이렇게 말했다.

"천재는 타고나야 하겠지만 기억력만큼은 아니다.
나 자신도 타고난 기억력의 소유자는 아니었다.
노력을 통해 얼마든지 기억력을 향상할 수 있다."

세계기억력선수권 대회 그랜드 마스터이자 일본기억력선
수권대회를 4회 우승한 이케다 요시히로도 비슷한 말을 했다.

"뇌의 성질을 이용한 기술을 쓸 줄 알면 누구나 기억력을 끌어
올릴 수 있다."

실제로 나도 비슷한 경험을 했다. 기억력은 달라질 수 있다.

암기의 기술이 기억력을 좌우한다

물론 사람마다 기억력의 차이는 있을 수 있다. 서울대학교
에서 만난 친구들 중에는 '스캔하듯' 문장을 외워버리는 사람
도 있었다. 그러나 그런 사람을 보면서 '역시 기억력은 타고나

는 것이니 포기해야겠다'고 생각한 적은 없다. 타고난 기억력이 좋아 보이는 친구들도 사실은 자신만의 노하우로 기억력을 최대한 '활용'하고 있었기 때문이다. 겉으로는 타고난 능력으로 보일지라도 뜯어보면 스킬로 무장된 사람이 많았다.

문장을 사진 찍듯 외우는 친구가 있었다. 그 친구는 수업이 끝난 후 점심을 먹을 때면 수업 시간에 필기했던 내용을 빠짐없이 읊곤 했다. 방금 배운 수업 내용을 바로 기억하여 말로 표현할 수 있다니! 옆에서 지켜보면 그저 신기하기만 했다.

그런데 그 친구가 그럴 수 있었던 이유는 따로 있었다.

(1) 예습을 해 왔다.
수업 전에 이미 읽어본 내용이었기에 더 빨리 기억할 수 있었다.

(2) 수업을 들을 때 꼭 기억해야 할 단어를 옮겨 적었다.
듣고 본 내용을 손으로 직접 써보면서 다시 한번 기억했다.

(3) 수업 시간에 공부한 내용을 혼자서 읊어보았다.
기억해야 할 단어들을 말로 연결해보면서 더 잘 기억하게 된다.

그런 다음에야 사람들 앞에서 읊었기에 마치 문장을 보면서 말하는 것처럼 술술 나왔던 것이다. 기억력이 뛰어나 보이던 그 친구도, '똑똑해' 보이는 스킬을 체화하고 있었다.

나는 이런 암기의 '스킬'에 주목했다. 스킬을 많이 알면 기억력이 향상될 거라는 생각이 들었다. 실제로 우리는 같은 기억력을 가지고 무엇을 암기하느냐에 따라 암기력에 큰 차이를 보인다. 별 관심 없는 친구와 나눈 대화와 짝사랑하는 이성과 나눈 대화 내용 중 어떤 것을 더 많이 기억하는지 생각해보면 너무나 쉽게 이해될 것이다.

그래서 나의 기억력을 탓하기 전에 '내가 어떻게 기억하는지'부터 생각해봐야 한다. 그리고 잘 기억하기 위해서는 다음 3가지에 유의해야 한다.

오래 기억하지 못하는 건 당연하다

수험생들이 가장 많이 하는 질문은 이거다.

"봐도 봐도 기억이 나지 않는데 어떻게 해야 할까요?"

'봐도 봐도'라고 말할 정도면 적어도 2번은 보았다는 것인데, **일반적으로 3번은 봐야 조금 기억이 난다.** 7번 읽으면 저절로 기억된다는 '7번 읽기 공부법'도 있지 않은가.

인간의 뇌는 본능적으로 중요한 것만을 기억하려고 한다. 장기 기억은 대뇌피질에 저장되어 오래도록 보존되는 기억으로, 매우 인상적인 경험이나 반복적인 자극이 있을 때 만들어진다. 예를 들어 2023년 3월 17일의 날씨를 기억하는가? 지나간 날씨가 어땠는지를 암기하는 사람은 거의 없다.

반면 이틀 후 폭우가 온다는 뉴스를 들었다면 조금 더 주의를 기울이게 된다. 만약 이전에 집이 침수된 적이 있다면 더욱 주의를 기울이고 기억할 것이다(인상적인 경험). 그래서 실시간으로 계속 날씨의 변화를 찾아본다면(반복적인 자극) 이틀 후의 날씨를 아주 명확하게 기억하게 된다.

그러면 왜 '3번'을 강조할까? 우리의 뇌는 중요하다고 생각해야 장기 기억으로 저장하는데, 중요하다고 생각하게 만드는 반복 횟수가 최소 3번이기 때문이다. 몇 번을 반복해도 잘 외워지지 않는다면, 아직 나의 뇌가 이것이 중요하다고 뼈저리게 느끼지 못했다는 뜻이다. 그러니 그 내용을 조금 더 익숙하게 만들려는 노력이 필요하겠다.

친구를 사귈 때도 빨리 친해지는 친구가 있고, 몇 번 만나도 어색한 친구가 있지 않은가. 마찬가지로 암기를 할 때도 내 기억력과 무관하게 친해지는 데 시간이 걸리는 내용이 있을 수 있다.

어떤 것을 기억하려면 친구를 사귀듯 친해져야 한다. 처음 만난 사람과 바로 친해지기 어렵듯이, 우리 뇌가 어떤 내용과 친숙해지는 데는 시간이 걸린다. 사람도 일정 시간 동안 자주 봐야 친해질 수 있듯, 뇌가 어떤 내용과 친숙해지기 위해서도 자주 봐야 한다. 그래서 어떤 것을 기억하려면 묻지도 따지지도 않고 무조건 보는 시간이 어느 정도는 필요하다.

암기력보다 중요한 것: 어떤 방식으로 머리에 넣느냐!

내가 수업 시간에 늘 하는 말이 있다.

"우리는 10년 전에 남친, 여친과 헤어진 날은 기억해도, 한 달 전 점심 메뉴는 기억하지 못한다."

우리가 겪는 모든 사건이 동일한 정도로 머릿속에 각인되는 것은 아니다. 10년이 지나도 떠나지 않는 기억이 있는가 하면, 며칠만 지나도 전혀 기억나지 않는 것도 있다. 일반적으로 오랫동안 기억이 나는 것들은 다음과 같은 특징을 가진다.

① 나에게 큰 충격이었던 사건, 일상적인 것과는 다른 기억
   (길에서 차가 다니는 것은 기억 못해도 교통사고가 난 것은 기억함)
② 중요하다고 생각하여 꼭 기억하겠다고 판단했던 내용
③ 나에게 친근한 것, 이해하기 쉬운 것

반면 기억이 잘 나지 않는 것은 그 반대인 경우가 많은데, 신기하게도 우리가 공부하는 것들이 그 반대인 경우가 많다. 매일 책을 보는 입장에서 책에 적힌 내용은 크게 충격적이지도 않고 지극히 일상적이다. 새롭게 학습하는 내용이 나에게 친근할 리도 없다. 게다가 지금 공부하는 것이 그다지 중요하지 않다고 생각하고 있다면, 거의 기억이 나지 않을 것이다.

이 또한 친구를 사귀는 것과 같다. 마음이 맞으면(내가 친근하다고 느끼면) 빨리 친해질 수도 있고, 마음이 맞는 사람과 함께 여행을 가는 등 일상에서 동떨어진 경험을 한다면 더욱 빠르게 친해질 수 있다.

언제 어떻게 공부하느냐가
기억력을 좌우한다

학습 상담을 할 때 암기가 어렵다고 하면, 나는 공부 방법을 바꾸어볼 것을 권한다.

"자기 전 30분간 오늘 공부한 내용을 정리하고, 아침에 다시 보면 기억에 오래 남을 거예요."

실제로 이 방법을 실천해본 수험생들의 반응이 좋았다.

"아침 복습과 자기 전 복습을 시작했는데요. 어제 배운 게 80% 이상 남아 있는 신기한 경험을 했습니다."

같은 시간을 공부해도 어떻게 공부하느냐에 따라 머릿속에 남는 것은 다르다. 우리의 뇌는 수면하는 동안 기억을 정리한다고 한다. 자기 전에 본 것을 수면 중에 정리한다. 수면에는 논렘수면과 렘수면이 있는데, 논렘수면은 뇌가 깊이 잠든 상태인 반면, 렘수면은 몸은 잠자고 있지만 뇌는 활발하게 움직이고 있는 상태. 기억을 정리하는 데는 이 렘수면이 필수다.

즉 기억의 메커니즘 측면에서 공부한 것을 잊지 않기 위해서는 렘수면을 확실히 취해야 한다.

아침도 중요하다. 자는 동안 기억이 정리되었기 때문에 아침에는 뇌가 가장 깨끗한 상태다. 이때 저장을 하면 기억에 오래 남는다. 시점을 어떻게 활용하는지에 따라서도 효과가 달라진다. 기억의 원리를 정확하게 알고 이에 맞는 기술을 익히면 같은 시간을 공부해도 기억하는 양은 크게 달라질 수 있다.

다른 것은 몰라도 암기에는 지능이 필요 없다. 다만 요령이 필요할 뿐이다.

시험에 적합한 암기법은
따로 있다

공부를 어느 정도 해본 사람이라면 느낄 것이다. 같은 시간
을 공부해도 사람마다 성과가 다르다는 사실을.

군무원 시험을 준비하는 한 수험생이 상담을 요청해왔다.

"국어, 행정학, 행정법 모두 기출 20회독 이상(공무원 시험을 치
다가 안 되어서 군무원으로 바꾼 거라서 장수생이에요) 했는데, 작년 시
험 결과는 국어 60점대, 행정법 70점대, 행정학 40점대였습니다."

20번을 보았지만, 평균 75점 이상인 커트라인(2022년 군

무원 9급 행정직 기준)을 고려했을 때 합격까지는 상당히 부족한 점수다. 왜 20번을 보았지만, 합격선에 많이 부족한 점수를 받은 것일까?

이 수험생의 가장 큰 고민은 '틀린 문제를 또 틀려서 계속 외우는데도 암기가 잘되지 않는다'는 것이었다. 결국 20번을 봐도 암기가 안 된다는 것이다.

이 수험생의 공부계획표를 분석한 결과, 특이점을 발견했다. 공부를 너무 많이 한다는 것이었다. '공부를 많이 하면 좋은 것 아닌가?'라고 생각할 수 있지만, 기억하기 위해서는 정리하는 과정도 필요하다.

이 수험생은 너무 많은 강사의 수업을 듣고 있었다. 국어 4명, 행정법 5명, 행정학 5명 강사의 책과 강의를 소화하고 있었다. 1~2명 강사의 수업을 듣는 것이 일반적인데, 이 사람은 그 많은 내용을 보기 위해서 새벽부터 일어나 밤늦게까지 공부하고 있었다. 입력하는 양은 많지만 하나로 정확하게 정리가 되지 않으니 암기가 제대로 될 리 없는 것이다.

무작정 쌓지 말고 정리를 하라

무조건 많이 본다고 암기가 되는 것은 아니다. 스위스 바젤 대학교 헤르트비히 교수 연구팀의 연구 결과에 따르면, 기억에도 하나를 기억하면 하나를 잃게 되는 '트레이드오프(trade-off)'가 존재한다고 한다.

우리의 뇌는 창고와 같다. 창고에 물건을 계속 넣을 수는 없다. 창고가 가득 찼을 때 추가로 하나의 물건을 넣으려면, 다른 하나를 빼야 한다. 무조건 많이 넣으려 한다고 넣을 수 있는 것은 아니다.

같은 창고라고 해도 물건을 어떻게 쌓느냐에 따라 넣을 수 있는 양이 달라진다. 또한 창고에 넣어둔 물건을 '어떻게 정리하느냐'에 따라 '얼마나 빨리 찾을 수 있느냐'가 결정된다.

시험에 필요한 기억력도 마찬가지다. 시험을 준비하는 기억력에서 중요한 포인트는 2가지다.

① 잘 기억할 수 있도록 정리하기
② 잘 꺼낼 수 있도록 포인트 잡기

이 2가지를 잘하기 위해 어떻게 해야 할지 살펴보자.

무조건 암기만 하려는 사람 vs. 무조건 이해하려는 사람

기억을 잘하기 위해서는 암기뿐만 아니라 이해도 필요하다. 전혀 이해하지 않은 상태에서 암기하고자 한다면, 모든 내용을 사진 찍듯이 기억해야 한다. 그렇게 기억한다고 해도 기억의 창고가 금방 꽉 차버릴 것이다.

예를 들어보자. 경제학에서 일반적으로 수요곡선은 우하향하고, 공급곡선은 우상향한다. '수요곡선 우하향, 공급곡선 우상향'이라고 암기하면 금방 기억에서 사라진다.

하지만 오른쪽 그래프와 같이 '가격이 싸면(P가 낮으면) 물건을 더 사려고 하고(우하향), 가격이 비싸면(P가 높으면) 물건을 더 많이 팔려고 한다(우상향)'로 기억하면 굳이 암기하지 않더라도 '우상향, 우하향'을 기억할 수 있다. 이해를 하면 굳이 암기하려고 노력하지 않아도 자연스럽게 기억할 수 있는 것이다.

하버드 의과대학 신경과학자인 제레드 쿠니 호바스는 "우리는 우리가 기억하는 것들을 생각하지 않는다. 우리는 우리가 생각하는 것들을 기억한다"라고 말했다.

기억을 하려면 어느 정도의 이해가 필요하다. 앞서 소개한

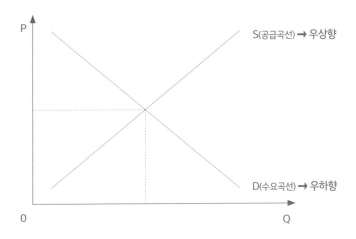

수험생처럼 20번을 봐도 암기가 안 되는 경우는 '이해를 전혀 못 해서'라고 볼 수 있다. 나는 그 수험생에게 '공부 다이어트'를 추천했다. 보는 양을 줄이고, 하나를 보더라도 왜 그런지 이해해보려는 노력을 하라고 조언했다. 한 페이지를 보더라도 정확하게 알고 넘겨야 의미가 있는 것이다.

물론 시험은 완벽히 이해할 때까지 기다려주지 않는다. 그리고 모든 것을 이해할 필요도 없다. 완벽하게 이해하지 않더라도 시험을 보는 데는 지장이 없기 때문이다. 어느 정도만 이해하면 된다. 너무 완벽하게 이해하려고 하면 시간이 너무 오래 걸린다.

냉정하게 시험의 현실을 생각해야 한다. 시험 공부는 학자들의 연구와는 다르다. 어떤 시험을 공부하든 각 과목은 하나의 깊은 학문적 이론을 바탕에 두고 있다. 그중 이해해서 암기할 사항과 그냥 단순 암기로 끝내야 하는 사항을 구분해야 한다. 경제학을 예로 들어보자.

암기 전 구분 포인트

이해해서 암기할 사항	단순 암기로 격파해야 하는 사항
수요곡선, 공급곡선과 같이 원리를 알면 암기 노력이 필요 없는 사항	국세 및 지방세의 종류, 세율과 같이 원리보다는 정확하게 세부적인 내용을 외워야 문제가 풀리는 사항

　학습을 하면서 이 2가지를 잘 구분해두면 이후 암기 전략을 짤 때 훨씬 더 효율적이다. 모든 것을 다 이해하고자 하면, 주어진 시험 기간에 모든 내용을 숙지할 수가 없다. 반면 모든 것을 단순히 암기하겠다고 접근하면, 외워야 할 게 너무 많아서 다 외우기가 불가능하다.
　따라서 이해와 암기를 적당히 조합해야 학습에 속도가 붙는다. 이해와 암기의 적당한 비율은 7:3 또는 6:4이다.

암기를 잘하는 사람은 어떤 점이 다를까?

문제를 풀려면 기억한 것을 꺼내 쓸 수 있어야 하는데, 기억을 잘 꺼내 쓰기 위해서는 먼저 '내가 그것을 어떤 맥락에서 기억하고 있는지' 알아야 한다. 시험장에서 문제를 읽었을 때 먼저 떠올려야 할 것은 ① 이 문제를 풀기 위해서 꼭 필요한 지식이 무엇인지 ② 그 필요한 내용이 어느 단원에서 나왔는지를 떠올리는 것이다.

예를 들어 종이가 찢어져 붙여야 하는 상황이 되었다고 생각해보자. ① 종이를 붙이기 위해 필요한 것은 스카치테이프와 가위이고, ② 이 2가지를 내 방 어디에 두었는지를 떠올릴 수 있어야 빠르게 찢어진 종이를 붙일 수 있다.

물건을 내 방 어디에 두었는지 알려면 정리를 잘해두어야 한다. 정리를 하지 않으면 가위를 어디에 두었는지 알 수가 없다. 암기도 마찬가지다. 그 내용이 어떤 맥락에서 나왔는지를 알아야 한다[구조화(125쪽) 참고].

그리고 암기 잘하는 사람의 특징은 기억해야 할 포인트를 잘 파악한다는 점이다. 우리는 우리가 듣는 강의와 읽는 책의 모든 내용을 기억할 수 없다. 결국 꼭 기억해야 하는 것을 선별해서 머릿속에 저장해두어야 한다. 시험을 볼 때는 특히 이

선별작업이 중요하다[키워드(135쪽) 참고].

예를 들어 2023년 수능 한국사 시험에 다음과 같은 문제가 나왔다.

밑줄 친 '변란'의 영향으로 가장 적절한 것은? (2023 수능 한국사 시험 변형)

> 우정총국 개국 축하연에서 변란이 일어나자 김옥균과 박영효 두 사람은 왕궁으로 달려갔다. 그리고 침전에 있던 왕에게 난이 일어났으니 거처를 옮기자고 건의하였다. (…) 왕은 경우궁으로 피신하면서 김옥균의 의견에 따라 일본 공사관에 사람을 보냈다. 경우궁에 도착하였을 때 다케조에 공사가 일본군을 거느리고 왔다.

① 녹읍이 폐지되었다.
② 삼별초가 조직되었다.
③ 한성 조약이 체결되었다.
④ 삼청 교육대가 운영되었다.

이 문제를 풀 때 꼭 알아야 할 것은 문제의 지문에서 언급된 '김옥균'이다. 김옥균은 우리나라 개화운동의 대표적 인물이자 갑신정변(1884년)의 주모자다. 김옥균이 무엇을 했고, 어느 시대의 인물인지가 정확하게 암기해야 할 지점인 것이다(김옥균-갑신정변). 갑신정변 이후 조선과 일본은 한성 조약을 체결했으므로 ③번이 답이 된다.

다른 보기에서도 기억의 지점을 잘 정리해두는 것이 좋다. ① 녹읍(신라 및 고려 초기에 관료들에게 경제적 수취를 허용해준 특정한 지역)의 폐지는 통일신라 시대 신문왕 때 있었던 일이고(녹읍-신라), ② 삼별초는 고려 무신정권 시기 조직이라는 점(삼별초-무신정권), ④ 삼청 교육대는 전두환 등 신군부 세력이 운영한 기관(삼청교육대-전두환)이라는 점을 기억해야 한다. 이런 지점을 잘 찾을 수 있어야 같은 시간을 책상에 앉아 있어도 암기를 많이 한 사람이 된다[아웃풋(108쪽) 참고].

암기가 필요한 지식을 찾고, 그 내용이 어느 단원에서 나왔는지를 떠올리는 이 2가지 포인트를 잘 실천할 수 있으면 시험에 적합하게 암기할 수 있다. 처음 언급했던 수험생은 2가지 방법에 따라 공부 방법을 바꾸었고, 모의고사에서 평균 20~30점 정도 오른 점수를 받았다고 한다.

암기는
스킬이다

　좋은 대학에 들어가거나 시험에서 높은 점수를 받은 학생들을 보고 "쟤는 머리가 좋은가 봐"라고 쉽게 말한다. 여기서 '머리 좋음'의 기준은 보통 IQ다.

　실제로 IQ는 유전된다고 한다. 일란성 쌍둥이(같은 유전자를 지닌 두 사람)가 어린 시절 입양되어 서로 다른 환경에서 자라더라도 (조사에 따라 수치에 약간의 오차는 있겠지만) IQ가 70% 이상 일치된 확률 통계를 보인다고 한다. 또한 동일 인물을 추적 조사한 결과, IQ는 평생에 걸쳐 거의 변하지 않는다는 사실도 밝혀졌다고 한다. 초등학생 무렵과 고령기에 접어든 시기에 같은 사람의 IQ를 비교한 결과, 60% 이상 일치했기 때문이다.

이런 연구 결과를 보면, '역시 타고나는 머리가 중요해'라고 생각할 수 있겠지만, 나는 지능의 비중이 70%와 60% 정도라면 '최소한 시험에서는' 충분히 극복할 수 있다고 생각한다.

IQ가 높으면 암기를 잘할까?

우리나라 평균 IQ는 2022년 기준 111.33으로, 대부분의 사람이 이 주변에 위치한다. 어차피 시험을 보는 경쟁자들의 IQ는 비슷하다는 말이다. 그리고 시험에 영향을 주는 것은 지능뿐만이 아니다. 공부 방법, 공부 시간, 심리적인 요인 등 다양한 변수가 작용한다. 똑같이 열심히 공부하더라도 1~2점에 당락이 좌우되기도 한다. 따라서 어떤 방법으로 공부하느냐에 따라 결과는 충분히 달라질 수 있다.

실제 지능과 성공의 상관관계는 낮다고 전해지는데, 1921년 스탠퍼드 대학의 심리학자 루이스 터먼은 IQ와 성공의 상관관계를 분석하기 위해 초등학교와 중등학교 학생 25만 명을 검사해 IQ가 평균적으로 140이 넘고 200에 다다르는 1,470명의 학생을 추려냈다. 그 후 터먼은 그들을 일생 동안 지켜보았다. 그런데 그들 중에서 전국적으로 이름을 떨친 사람은 극소수에 불과했고, 다수가 그저 평범하다고 볼 수밖에 없는 직업에 종사했다고 한다.

《아웃라이어》의 저자 말콤 글래드웰도 이 연구에 대해, '그들이 IQ로 1% 중의 1%의 정예라는 사실'에 매료되어 IQ가 사소한 요인이라는 것을 깨닫지 못했다고 평가했다. 연구의 막바지에는 루이스 터먼도 이렇게 말했다고 한다.

"우리가 본 것처럼 지능과 성취도 사이에는 그 어떠한 상관관계도 없었다."

암기가 안 된다고
좌절하는 사람들의 특징

좋은 IQ를 물려받았다고 해서 암기를 잘하는 것도 아니고, 실제 성취도가 높게 나타난다고 보기도 어렵다. 그렇다면 어떻게 공부해야 암기가 될까?

우선 암기가 안 된다고 좌절하는 수험생들이 보이는 특징이 있다.

(1) 그냥 보면 외워질 거라고 생각한다.

암기하는 방법을 전혀 알지 못한다. 그저 '읽으면 다 머릿속에 들어오겠지'라고 생각한다. 무조건 본다고 외우는 것은 아니다. 우리가 매일 밥을 먹지만, 날짜별로 무엇을 먹었는지 기억하지 못하는 것처럼 그저 경험한다고 머리가 기억하는 것은 아니다.

(2) 1~2번 보고 안 외워지면 머리가 나쁘다고 판단한다.

공부해본 경험이 없는 사람들은 1~2번 읽으면 누구든 기억할 수 있다고 생각한다. 1~2번 봤는데 기억을 못하면 '아! 내가 지능이 떨어지는구나' '기억력이 좋지 않구나'라고 판단한다.

(3) 금방 싫증을 낸다.

1~2번 보고 암기가 안 된다며 몇 번 봐야 하는지를 나에게 물어보는 수험생들이 있다. 내가 최소 5번, 7~8번 이상 봐야 한다고 대답하면, "그렇게나 많이요?"라고 말하며 지레 포기해버린다.

얼마나 반복해야 암기가 될까?

반복은 지겨운 과정일 수 있다. 아무리 재미있는 영화나 드라마도 7번을 보면 싫증이 날 것이다. 그래서 반복할 때는 볼 때마다 포인트를 달리하는 것이 좋다.

감명 깊게 본 드라마를 여러 번 보다 보면 예전에는 보지 못했던 세부적인 모습이 보인다. 예를 들어 〈오징어 게임〉을 본다고 생각해보자. 처음에는 전반적인 스토리에 몰입이 될 것이다. 그러다 2번, 3번 보게 되면 처음에는 잘 보이지 않았던 계단의 모양과 색과 같은 장면들의 디테일이 보인다.

공부도 마찬가지다. 처음 학습하는 내용을 디테일까지 알기는 어렵다. 여러 번 반복해서 봐야 세부적인 내용까지 머릿속에 넣을 수 있다.

그래서 반복할 때마다 포인트를 달리해서 보면, 내용을 좀 더 깊이 숙지할 수 있다. 같은 내용을 다르게 반복하면서 새로운 느낌을 얻을 수 있다. 반복 횟수에 따른 암기 포인트는 다음과 같다.

① 1~3회: 전반적인 내용 파악
② 4~6회: 세부적인 암기 내용, 키워드 등을 중심으로 보기

③ 7회 이상: 지엽적인 내용까지 꼼꼼하게 보기

내 경험상 처음 공부하는 내용이라면 5회 보면 어느 정도 기억이 날 것이고, 7회 이상 보면 세부적인 내용까지 기억이 나며, 10회 이상 보면 상당히 숙지되었음을 느낄 수 있을 것이다.

만약 이미 공부해본 적이 있는 과목, 소위 베이스가 있는 내용이라면, 2회 정도 덜 봐도 된다. 5회를 보면 세부적인 기억이 나고, 그 이상 되면 상당히 숙달됨을 느낄 수 있다.

반복 횟수별로 암기가 되는 대략적인 수준과 학습 포인트는 다음 표와 같다. 참고하면 전반적인 공부 수준을 파악하는 데 도움이 될 것이다.

만약 10회를 봤는데도 세부적인 내용이 기억나지 않는다면 암기 방법에 문제가 있는 것이니. 포인트를 다시 한번 살펴볼 필요가 있다.

반복 단계별 학습 포인트

반복 횟수	단계	단계별 상황 및 학습 포인트
1~3회	밑 빠진 독에 물 붓기 단계	☐ 전체적인 내용이 무엇인지 파악하는 단계 ☐ 기본적인 개념 이해와 전체적인 구성에 초점을 두고 읽기 ☐ 기억이 안 난다고 상처받지 않기
4~6회	어렴풋이 기억 나는 단계	☐ 세부 내용을 머릿속에서 기억하고 있는지 확인 하기 ☐ 내용을 읽고 반드시 문제를 스스로 풀어보기 ☐ 문제를 맞췄는지 여부보다 학습한 내용을 기억 하고 있나 진단하는 것이 중요함 ☐ 어떤 것을 정확하게 기억해야 하는지 '정확한 기억의 지점'을 체크할 수 있어야 함
7~8회	어느 정도 정확도 높게 생각나는 단계	☐ 모든 것이 완벽하게 기억이 나지 않더라도 70% 이상 배운 내용이 기억나는 단계 ☐ 이때부터 시간을 재고 모의고사를 풀어보면서 어느 부분이 덜 암기 되었는지 체크해보기
9~10회	세부적인 내용 까지 파고들 수 있는 단계	☐ 시험을 보기 직전에 만들어야 하는 상태 ☐ 정리한 내용을 보면 학자 이름, 숫자 등 세부적 인 내용까지 기억이 날 수준으로 실력이 느는 단계

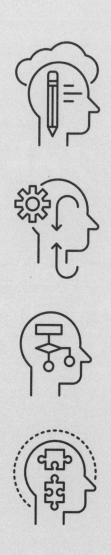

2장

암기 최적화의 기술

적게 공부하고 빠르게 합격하는 7가지 전략

적게 공부하고
빠르게 합격하기 위한 전략

사람들이 시험 공부를 할 때 많이 하는 첫 번째 착각은 '시간은 무한하다'고 생각하는 것이고, 두 번째 착각은 '뭐 어떻게 되겠지'라고 생각하는 것이다. 특히 공부만 하는 학생이나 수험생인 경우 그런 생각에 빠질 가능성이 크다.

나 또한 그랬다. 하루 종일 공부할 때는 시간의 소중함, 타이밍의 중요성, 한 번에 명확하게 기억하는 방법에 대한 절박함을 느끼지 못했다. 그러다 직장인이 되어 공부하게 되었을 때 짧은 시간에 어떻게 하면 빠르게 기억할 수 있을지를 고민하게 되었다.

어느 일요일에 시험이 예정되어 있었다. 하필 시험 직전에 업무가 나에게 몰렸고, 토요일 저녁 7시까지 일을 하게 되었다. 집에 돌아오는 길에 다음 날 시험을 포기할까 고민했다. 피로하기도 했고, 막판 정리가 제대로 안 된 상황에서 좋은 점수를 받기는 어렵지 않을까 싶었다.

하지만 지금까지 공부한 게 아까워서 마지막 '발버둥질'이라도 치겠다는 마음으로 도서관으로 향했다. 이때 찾은 방법이 '초압축 암기법'이다. 초압축 암기는 쉽게 말하면 꼭 필요한 것만 남기는 공부다.

도서관에 앉아 뭐라도 해봐야겠다 싶어서 A4 용지를 반으로 접었다. 이 한 장에 진짜 기억해야 할 것만 써보았다. '이 한 장에 담긴 내용이 시험에 나오면 절대 틀리지 말자'라고 생각했다. 그런 마음으로 정리하니 '정말 중요한 것'만 남기게 되었고, 한 장이니까 중요한 게 더 확실히 기억에 남았다.

결국 전날 더 길게 공부했을 때와 비교했을 때, 큰 차이가 나지 않는 결과를 얻을 수 있었다. 공부 시간을 엄청나게 단축할 수 있는 실마리를 찾은 것이다. '시간이 부족해도 계속 공부를 할 수 있겠다' 하는 자신감도 생겼다.

몇 개월간 공부했지만, 시험장에서 정확하게 기억이 나지 않아 틀렸던 경험이 있다면, 다음 3가지를 꼭 기억해야 한다.

시험 전날 모든 내용을 볼 수 있다면 합격할 텐데

어떤 시험이든 공부량이 적은 경우는 없다. 9급 공무원 시험의 경우 한 과목당 기본서가 700~800쪽이고, 다섯 과목을 공부하므로 기본 내용을 학습하기 위해 보는 양만 해도 4,000쪽이 넘는다. 웬만한 자격증 시험도 마찬가지다. 공인중개사 시험의 경우 1차 기출문제집만 해도 700쪽을 훌쩍 넘긴다.

그러므로 몇 달 동안 공부하는 내용을 모두 암기하는 것은 불가능하다는 것을 알고 시작해야 한다. 그러면 자연스럽게 이런 질문을 던지게 된다.

"내가 본 많은 내용 중 시험 직전에 꼭 암기하고 있어야 하는 내용은 무엇인가?"

공부한 내용을 제대로 압축하지 못하면 시험장에서 기억이 나지 않는다. 많은 사람이 시험 직전에 압축을 못 한다. 분명히 공부한 적이 있는데 정작 문제로 나왔을 때 헷갈렸다는 반응을 보이는 경우 대부분이 시험 직전에 기억할 내용을 줄이지 못한 경우다. 내용을 줄이지 못하니 공부한 내용 중 일부는 열흘에서 일주일 전에 마지막으로 보고 시험을 치게 된다.

예를 들어 내용을 줄이지 못해 시험 보기 열흘 전부터 전체 내용을 10등분해서 10%씩 공부했다고 가정해보자. 그러면 D-1일에서 D-3일에 본 내용은 기억이 비교적 잘 나지만, D-10일에서 D-9일에 본 내용은 잘 기억이 나지 않는다. 열흘 전에 먹은 점심 메뉴가 무엇이었는지 기억이 나지 않는 것처럼 말이다.

시험 범위를 균등하게 나눠 공부했을 경우

D-10	D-9	D-8	D-7	D-6	D-5
10%	10%	10%	10%	10%	10%

D-4	D-3	D-2	D-1	D-Day	
10%	10%	10%	10%	10%	

반면 시험 전날 본 내용은 대부분 기억이 난다. 이유는 아주 단순하다. 전날 보았기 때문이다. 실제 신림동 고시촌에는 "전날 모든 내용을 볼 수 있으면, 그 시험엔 합격한다"라는 말이 있다. ① 전날 보면 기억이 나니 충분히 문제를 잘 풀어낼 수 있다는 의미이기도 하고, ② 전날 모두 볼 수 있을 만큼 내

용을 잘 요약했고, 그만큼 숙달되었다는 의미이기도 하다.

특히 사법시험, 5급 공채시험(행정고시)의 경우 한 과목당 양이 상당히 많은데, 그 내용을 하루 만에 볼 수 있으려면 아주 많이 줄이고 반복하는 과정을 거쳤다는 의미다.

잘 외워지는 시간은 따로 있다

어떤 날에는 공부가 잘 안되고, 어떤 날에는 공부가 잘되곤 한다. 이처럼 시점에 따라 공부 효율도 달라진다. 따라서 시점, 순서, 반복 주기 등 타이밍을 고려해서 암기 계획을 세워야 한다.

하버드 대학교 비즈니스 스쿨 교수인 프란체스카 지노는 덴마크 전문가 2명과 함께 덴마크 학생 200만 명을 대상으로 4년 동안 그들의 시험 결과와 시험 시간을 대조해보았다. 그 결과 오전에 시험을 본 아이들의 성적이 오후에 본 아이들 성적보다 더 높았다. 시험 시간이 늦을수록 성적은 조금씩 떨어졌다.

이처럼 시간대에 따라 성과는 달라진다. 암기도 마찬가지다. 같은 오전, 오후, 저녁의 각 한 시간을 동일한 한 시간으로 보아서는 안 된다. **시간대별로 어떤 내용을 암기하는지가 달라져야 한다.** 기상 직후와 잠자기 직전에는 공부한 내용을 복습하는 암기가 좋고, 오후 시간대는 새로운 내용을 암기하기에 유리하다[시간(63쪽) 참고].

하나를 보더라도 머릿속에 확실히 박아라

행정고시의 내용 하나를 예로 들어보겠다.

'정부 규제'란 바람직한 경제사회의 질서를 구현하기 위해 정부가 민간의 의사결정과 행위를 강제로 제약하는 것을 의미하는데 그 종류 중에서 '네거티브 규제'와 '포지티브 규제'라는 용어가 있다.

네거티브 규제란 금지하는 것 이외 모두 가능(원칙 허용, 예외 금지)한 규제를 의미하고, 포지티브 규제란 할 수 있는 것으로 정한 것만 가능(원칙 금지, 예외 허용)한 규제를 의미한다.

다음과 같은 보기가 출제되었다고 해보자.

> 포지티브(positive) 규제가 네거티브(negative) 규제보다 자율성
> 을 더 보장해준다.
> (2019 국가직 9급 행정학)

이 보기를 읽는 순간 포지티브 규제가 원칙 금지인지 원칙 허용인지를 먼저 떠올릴 수 있어야 하는데, 수차례 공부했어도 막상 시험장에서 헷갈리는 경우가 많다. 아무리 많이 보았어도 시험장에서 헷갈려서 틀리면 공부 안 한 것과 동일한 결과를 얻게 된다.

시험을 본 사람들은 경험해본 적이 있을 텐데, 열심히 공부해서 정확하게 숙지했다고 생각하는 내용들이 시험장에 가면 의외로 헷갈린다. '내가 정확하게 기억하고 있는 것 맞나' 하는 의심이 든다. 분명 포지티브 규제가 '원칙 금지'라고 줄까지 쳐가며 책을 보고 공부했음에도 막상 시험장에서는 '포지티브가 원칙 금지 맞나?' 하는 의심을 하게 된다.

왜냐하면 시험장에 앉으면 불안하고 굉장히 소심해지기 때문이다. 문제를 다 잘 풀어야 한다는 두려움에 아는 것도 내가 정확하게 기억하고 있나 '돌다리를 두들겨보며' 문제를 풀게 된다. 그러다 보면, 정확하게 잘 기억하고 있는 것도 의심할

수 있다. 따라서 시험공부를 할 때 내가 숙지했다고 판단하는
그 이상으로 명확하게 '머리에 박아둘' 필요가 있다.

명확하게 인지하지 위해서는 '명확하게 머리에 박을 수 있
는 암기법'을 사용해야 한다. 앞의 사례로 돌아가서 '포지티브
규제가 원칙 금지'라는 것을 암기하기 위해 '포기는 원칙 금지'
라고 시험 직전에 확인하고 들어가는 것이다. '포기가 원칙 금
지'니 '포'지티브는 '원칙 금지'인 것이다.

그러면 반대 개념인 네거티브 규제는 원칙 허용임을 생각
해낼 수 있고, 사례의 보기를 풀 수 있게 된다(포지티브 규제는
원칙 금지이므로 원칙 허용인 네거티브 규제보다 자율성을 보장해주
지 않으므로 틀린 보기임).

나는 이것을 '기억의 기둥 박기'라고 부른다. 헷갈리는 개
념 중 하나(포지티브 원칙 금지)를 명확하게 기둥을 박아두면
반대 개념(네거티브 원칙 허용)을 흔들리지 않고 찾을 수 있게
되어, 시험장에서 절대 헷갈리지 않고 답을 찾을 수 있다.

① 시험 전날, 모든 범위를 훑을 수 있을 만큼 핵심 내용을 초압
축해둘 것
② 암기가 잘 되는 시간을 찾을 것

③ 핵심 사항은 '기억의 기둥 박기'를 제대로 해둘 것

이 3가지가 암기의 기본 원리다. 이런 스킬을 많이 익혀두면 익혀둘수록 적은 시간 대비 많은 양을 헷갈리지 않고 암기할 수 있게 된다.

시간

암기 과목을 공부하기 좋은 5가지 타이밍

하루에 8시간을 공부하는 공시생이 더 시간을 늘려야 할지 고민하고 있었다. 어떻게 공부하고 있는지 더 자세히 상담해보니 오전 2시간, 오후 3시간, 저녁 3시간으로 나눠 공부하고 있었다. 그래서 내가 "왜 오전에 공부를 적게 하나요?"라고 물었더니 "제가 늦게 일어나다 보니 오전 10시부터 공부를 시작해서 2시간 이상 공부하기 어렵습니다"라고 했다.

공무원 시험의 경우 '순공(순수한 공부 시간)'이 하루 8시간이면 적은 양을 공부하는 것은 아니다. 합격생들의 순공 시간을 분석해보면, 적은 경우는 하루 5~6시간, 많은 경우 하루

10~12시간이었다. 즉 하루 8시간이면 딱 중간 정도 되는 시간이므로 적당하다.

이런 경우는 공부 시간보다 공부의 배치를 바꾸는 것이 더 중요하다. 같은 한 시간이라고 해서 동일한 시간은 아니다. 공부 시간은 양도 중요하지만, 시간의 질을 고려해서 배치해야 한다. 그렇다면 암기하기 가장 좋은 시간대는 언제일까?

기상 후 30분 이내

현대인의 평균 기상 시간이 6시 30분경이라고 하는데, 잠자리에서 일어나서 오전 10시까지가 하루 중 첫 번째로 뇌가 잘 움직이는 시간대다. 특히 기상 직후부터 아침 식사를 하기 전 2시간 정도는 집중력이 가장 높은 시간이다. 소위 머리가 맑은 시간대인 것이다.

다만 이때는 방금 일어나서 멍한 상태이므로 새로운 것을 외우는 것보다 복습을 하는 것이 좋다. 가장 좋은 것은 자기 전 30분 동안에 본 것들을 다시 보는 것으로, 이렇게 하면 기억이 단단해진다. 10~20분이면 충분히 볼 수 있어 시간 대비 효율성도 높다.

공부 시작 직후 20분, 끝내기 직전 20분

뒤에서 또 나오겠지만, 공부에는 '초두 효과'와 '최신 효과'가 있다. 초두 효과는 학습 시간, 수업, 발표 그리고 사회적 상호작용의 초반에 습득한 내용을 더 잘 기억하는 현상을 말하고, 최신 효과는 마지막에 학습한 내용이 더 잘 기억되는 현상을 말한다. 예를 들어 50분을 앉아서 공부하는 경우 시작과 끝에 공부한 내용이 기억이 잘 나고, 중간은 다소 흘러가듯 공부하게 된다는 것이다.

그래서 암기는 20분 정도로 잘라서 하면 좋다. 시간을 길게 잡고 암기한다 해도 생각보다 중간에는 암기 효과가 크지 않기 때문이다. 공부 시작 직후 20분과 끝내기 직전 20분에 암기 과목을 배치해보자.

휴식 후 10분

하버드 대학교 비즈니스 스쿨 교수인 프란체스카 지노가 덴마크 학생 200만 명을 대상으로 4년 동안 시험 결과와 시험 시간을 대조한 실험에서 휴식의 효과는 다음과 같이 나타났다. 학생들에게 시험 보기 20~30분 정도 전에 놀고 먹고 잡담할 휴식 시간을 주자 그들의 성적은 떨어지지 않고 오히려 올라갔다고 한다. 같은 시험이라도 20~30분 휴식 시간을 준 뒤 치르면 수업을 3주 더 받은 경우와 같은 결과가 나왔다.

그만큼 휴식은 효율성에 큰 영향을 준다. 따라서 새로운 내용을 암기할 때 이 타이밍을 잘 활용해서 공부하길 바란다.

오후 4시경, 낮잠 이후 1~2시간

일반적으로 오전이 지나면 뇌는 점차 힘이 떨어지기 시작해서 오후 4시 정도까지 저조기가 지속된다. 그러다 오후 4시쯤부터 다시 뇌가 움직이기 시작해서 저녁 시간까지 기억력이 살아난다고 한다. 점심을 낮 12시에서 오후 1시 정도에 먹었다면 오후 2~3시 정도에는 졸리기 마련이다. 나는 이때 낮잠을 추천한다.

캘리포니아 대학교 버클리 캠퍼스의 연구에 따르면 오후의 낮잠은 두뇌의 학습 능력을 향상한다고 한다. 낮잠을 잔 사람은 그렇지 않은 사람보다 정보를 간직하는 시간이 더 길다. 낮잠은 '단기 기억력'뿐 아니라 얼굴을 보고 이름을 떠올리는 것과 같은 '연상 기억력'도 높여준다. 낮잠은 심지어 몰입의 강도를 증가시킨다.

따라서 2~4시 사이 20분 정도의 낮잠을 추천한다. 그 후 오후 4시를 지날 때쯤이 되면 암기의 효율성이 높아지는 신호를 느낄 것이다.

자기 전 30분

독일 심리학자 헤르만 에빙하우스는 실험심리학의 선구자이자 기억의 망각 연구를 처음 연 사람으로 유명하다. 그는 스스로 특정 단어를 학습한 뒤 얼마나 빨리 잊는지 측정했다. 여러 조건을 시험해본 결과 흥미롭게도 학습 직후 잠들면 단어를 덜 잊는다는 사실을 1885년 처음으로 발견했다. 그 후 1914년 독일의 심리학자 로자 하이네는 잠이 들기 직전 학습하는 것이 낮에 학습하는 것보다 기억에 더 오래 남는다는 실험 결과를 보고했다.

사람은 잠을 자는 동안에 기억을 정리하고 이용하기 쉽게 바꾸어놓는다고 한다. 자신에게 중요하지 않다고 생각되는 정보는 잊어버리고, 반대로 기억하고 싶은 정보는 남도록 배분

한다. 결국 자기 전 30분이 암기에 아주 좋은 타이밍이라는 것이다.

학생들에게 자기 전 30분 동안에 무엇을 하느냐고 물어보면 유튜브를 보는 경우가 많았다. 유튜브 보는 시간 중 10~20분만 떼서 공부한 내용을 정리해본다면, 순공 시간을 더 늘릴 필요없이 많은 양을 암기할 수 있을 것이다.

순공 시간을 늘리려는 수험생의 사례로 돌아가보자. 나는 그 수험생에게 암기를 효율적으로 할 수 있는 타이밍부터 체크해서 공부 시간을 다시 배치해보면, 굳이 순공 시간을 늘리지 않고도 더 성적을 올릴 수 있다고 조언하고 싶다.

나의 최적 암기 타이밍을 체크해보자. 아침, 자기 전, 오후 낮잠 직후는 표시해두었다. 나머지 자신의 최적의 암기 타이밍을 찾아 체크해두고 그때는 '암기를 위한 시간'이라고 표시해보자. 그 시간에는 암기만 해보자. 이렇게 하면 같은 시간을 투여해도 암기 효과는 두 배 이상이 될 것이라고 확신한다.

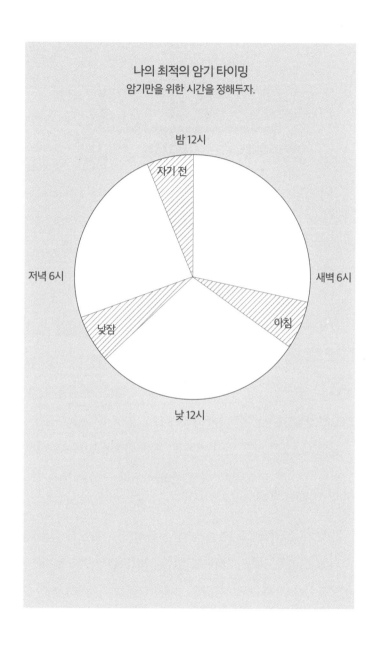

나의 최적의 암기 타이밍
암기만을 위한 시간을 정해두자.

밤 12시

자기 전

저녁 6시

새벽 6시

낮잠

아침

낮 12시

순서
전략적으로 암기의 순서를
정하는 법

그림을 그리는 과정을 생각해보자. 먼저 연필로 스케치를 한다. 수정이 필요할 수 있으므로 지울 수 있는 연필을 쓴다. 러프하게 스케치한 후 더 세부적으로 그리고 다듬은 다음 색칠을 한다. 그런 다음 다시 전체를 보며 세부적으로 보완하면 완성된다. 그린 그림을 더 잘 보관하기 위해 픽서를 뿌리기도 한다.

이것이 그림을 그리는 일반적인 과정이다. 암기는 그림을 그리는 원리와 같다. 그러니 그림을 그린다는 마음으로 암기 전략을 '그려보자.' 다음과 같은 4가지 단계를 따르면 된다.

전체 스케치 → 구체적인 형상 그리기 → 세부적인 색칠하기 →
픽서 뿌리기

전체 스케치:
초반에는 전체적인 내용을 이해하라

잘 모르는 내용은 암기하기가 어렵다. 그래서 수험 기간 초
반에는 기본서를 읽으며 '이해'하려고 노력해야 한다. 과목의
흐름을 알아야 각각의 내용이 연결되면서 '하나를 보면 열이
생각나는' 암기가 된다.

완벽하게 이해하지는 못하더라도 어느 정도 이해해야 암
기하기 쉽다. 사례나 개념을 통해 이해하려는 노력을 하며 최
대한 '무작정 암기하는 양'을 줄여야 한다.

실제로 정확하게 '납득이 된' 내용은 굳이 암기하려 하지
않아도 기억이 난다. 만유인력의 법칙(중력의 법칙)을 굳이 암
기하지 않아도 물이 위에서 아래로 떨어지는 것을 이해했기에
기억하는 것과 같다.

처음 공부할 때의 목표는 시험에서 요구하는 핵심 내용을
일정 수준(50~70% 이상) 이해하는 것이다. 오늘의 학습 목표

를 정한 후 '핵심 내용을 이해하겠다는 마음'으로 읽어야 한다. 모든 문장을 다 이해할 필요는 없다.

처음 공부할 때의 암기는 세부 내용을 하나하나 암기하는 것과는 다른 차원임을 받아들여야 한다. 처음부터 지엽적인 암기를 하려고 하면, 전체적인 맥락을 놓칠 수 있으니 주의하라. 많은 수험생이 빨리 점수를 높이기 위해 기본 강의 때부터 빠른 암기를 위해 두문자를 만들어달라고 하거나 암기가 잘되지 않아 걱정한다. 하지만 이는 암기 전략에 맞지 않는 고민이라고 보면 된다.

어차피 시험까지 기간이 남아 있으므로 지금은 세부적인 암기 기술보다 전체적인 스케치를 통한 암기에 집중하는 것이 유리하다[제로베이스(118쪽), 구조화(125쪽), 연상법(142쪽) 참고].

구체적인 형상 그리기: 외워야 할 것을 추려내자

전체적인 내용을 스케치한 후, 즉 전체 내용을 2~3회독 한 후에는 단원별로 세부적인 암기를 하자. 이 단계에서는 핵심적으로 암기해야 할 내용을 추려낼 수 있어야 한다.

기출문제를 풀어보며 무엇이 중요한지, 내가 꼭 기억해야 할 것이 무엇인지를 추려나가는 과정이다. 스케치한 그림을 더 정교하게 그려나가는 과정과 유사하다[키워드(135쪽) 참고].

세부적인 색칠하기: 다양한 지문을 통해 응용력을 기르자

스케치가 끝나면 색을 칠하게 된다. 암기 전략도 마찬가지다. 세부적인 내용을 암기했다면, 다양한 색을 칠하듯 다양한 지문을 풀어보며 외운 내용을 적용하는 연습을 하자. 이렇게 하면서 기억력을 단단하게 만들 수 있다[스피드(150쪽), 그루핑(162쪽), 순서화(173쪽) 참고].

세 단계를 연습해보자. 예를 들어보겠다. 사회·문화 현상의 연구 방법을 학습한다고 해보자.

사회·문화 현상의 연구 방법

구분	양적 연구 방법	질적 연구 방법
전제	방법론적 일원론 (자연 현상 = 사회·문화 현상)	방법론적 이원론 (자연 현상 ≠ 사회·문화 현상)
연구 목적	사회·문화 현상의 법칙 발견	사회·문화 현상의 의미 이해
연구 방법	계량화, 수치화, 통계화	직관적 통찰, 감정 이입
자료 수집 방법	실험법 등 활용	면접법, 참여 관찰법 등 활용
유용성	일반화 및 법칙 발견 용이	인간 행동의 의도를 이해하는 데 유리

이 내용을 어떻게 외울 것인가? 우선 아래와 같은 순서로 개념을 머리에 넣고, 구체화한 뒤, 암기 사항을 고정해보자.

(1) 전체 스케치 단계

내용을 읽으며 이해한다. 이 개념이 무엇인지, '아 그렇구나' 하는 느낌으로 내용을 숙지하는 것이 중요하다. 이 단계에서는 외우겠다는 의식적인 노력을 할 필요가 없다. 위 사례에서 '양(수량할 때 양)적 연구니까 수량화하는구나 → 숫자로 표

현하는 연구를 하는구나 → 숫자로 표현하려면 실험을 해야
하고, 하나의 숫자로 표현이 된다는 것은 일반적 하나의 법칙
을 발견했다는 것이구나'라고 생각해보는 것이다. '질(사물의
속성, 가치)적 연구니까 실제로 보고 느끼는 것이 중요하구나
(직관적 통찰, 감정 이입) → 사물의 속성을 파악하려면 관찰, 면
접을 실시하고, 면접을 해보면 인간의 행동의 의도를 이해할
수 있지'라고 전체적인 내용을 개괄적으로 이해할 수 있다.

(2) 구체적인 형상 그리기 단계(중요 내용 머릿속에 각인)

꼭 암기해야 할 세부 내용을 뽑아보자.

사례에서는 '양적 연구 → 자연 현상과 동일, 계량화, 수량
화, 실험, 법칙 발견

질적 연구 → 자연 현상과 다름, 직관적 통찰, 감정 이입, 면
접법, 의도 이해'로 세부 내용을 추려볼 수 있다.

(3) 세부적인 색칠하기

다양한 문제를 통해 응용해보자.

세부 내용을 암기한 후에는 실제 지문을 확인하면서 암기
한 내용에 대한 적응력과 응용력을 높여보자. 시험에서는 한
가지 내용이 여러 선택지로 변형되어 나온다.

다음에 나타난 사회·문화 현상의 연구 방법 A, B에 대한 설명으로 옳은 것은? (2017 3월 전국연합학력평가 사회·문화 변형)

> A는 사회·문화 현상에도 자연 현상과 같이 법칙이 존재한다는 전제하에, 과학적으로 정밀한 도구와 절차에 따른 탐구를 통해서 법칙을 발견하고자 한다. 반면, B는 사회·문화 현상과 자연 현상은 본질적으로 다르기 때문에 법칙을 발견하기보다는 구체적 사례에 담긴 인간의 주관적 동기와 의미를 해석하여 이해하고자 한다.

① A는 감정 이입과 직관적 통찰을 통한 이해를 중시한다.
② B는 사회·문화 현상 연구에 자연 과학적 연구 방법을 사용한다.
③ A는 B와 달리 계량화된 자료의 통계적 분석을 중시한다.
④ A는 연구자의 직관적 통찰을 통한 자료 수집을 중시한다.

위 지문에서 '자연 현상' → A는 양적 연구, '자연 현상과 다르다' → 질적 연구로 핵심을 파악해볼 수 있다.
① (X) '감정 이입' → 질적 연구
② (X) '자연 과학적 연구' → 양적 연구
④ (X) '연구자의 직관적 통찰' → 질적 연구에서 강조

따라서 답은 ③번이 된다.

픽서 뿌리기:
기억을 단단히 고정하라

마지막은 기억을 단단하게 고정하는 과정이다. 그림을 더 잘 보존하기 위해 픽서를 뿌리듯, 기억을 더 잘 보존하기 위해 조금 더 단단하게 만드는 과정이 필요하다. 이해를 바탕으로 하지 않는 단순 암기 사항(예를 들어 법에 나오는 숫자, 학자 이름 등)은 봐도 봐도 휘발되는 경향이 강하다.

이런 암기 사항들은 직전에 픽서를 뿌리듯 잘 고정해놓는 것이 중요하다. 최대한 시험 직전까지 자주 반복하는 것을 추천한다[두문자(188쪽), 무작정 외워야 할 때 쓸 만한 방법(231쪽), 여러 암기법을 합쳐 시너지를 내는 기술(246쪽) 참고].

각인
머릿속 깊이 새기는 법

　같은 방식으로 받아들인 내용도 기억하는 강도에는 큰 차이가 있다. 충격적인 사건이나 좋았던 추억은 오래도록 기억하는 반면, 반복되는 일상생활은 기억에 오래 남지 않는다. 시험공부를 위한 암기도 마찬가지다. 같은 시간을 공부해도 어떻게 머리에 새기느냐가 상당히 중요하다.

　머릿속에 뭔가를 새기는 데 가장 많이 쓰는 암기 원리는 다음 3가지다.

유치한 것은 도움이 된다

수업 시간에 유치한 사례를 들어서 설명하면 다들 표정이 좋지 않다. 학생들은 '손발이 오그라든다'는 표정을 지으며 수업을 듣지만, 결국 손발이 오그라들었던 그 순간 덕분에 기억을 하고 문제를 풀게 된다. 유치했던 순간은 나름대로 우리의 뇌에 충격을 주기 때문에 기억력 향상에 도움이 된다. 그래서 나는 늘 암기 단어를 만들 때 '유치함'을 고려한다.

예를 들어보자. 학자 이름은 늘 암기하기가 어렵다. 그래서 유치함을 넣어주면 좋다.

① 생태론의 학자: 가우스(Gaus), 리그스(Riggs)는 '생태찌개 가우리'로 기억

② 행태론의 학자: 사이먼(Simon), 버나드(Barnard)는 '사버의 행태'로 기억

이렇게 하면 확실히 암기 효과가 높았다. 그냥 "행태론의 학자로는 사이먼과 버나드가 있습니다"라고 설명할 때보다 '사버의 행태'를 설명했을 때 암기한 학생이 두 배 정도 많았다.《경선식 수능 영단어》같은 교재에서도 영어단어 암기에

유치함을 많이 사용한다.

"gratify(만족시키다, 기쁘게 하다)를 '그래! 또 파이! 하나 더 만들어줄게~ 하고 아이들을 만족시키다'라고 기억하면 빠르게 영단어를 암기할 수 있다."

튀는 것은 눈에 띈다

예를 들어보자. '랜턴, 물고기, 시계, 꽃병, 조니 뎁, 자동차, 목걸이, 가방, 망치'에서 눈에 띄는 항목은 무엇인가? 단연 조니 뎁이다.

조니 뎁이라는 배우가 우리에게 익숙한 점도 있겠지만, 다른 사람 이름을 넣어도 결과는 마찬가지다. 사물 이름 사이에 사람 이름이 들어가면 사람 이름이 눈에 띄기 마련이다. 이처럼 주로 눈에 띄는 것을 기억하게 된다는 점을 이용하면 암기에 도움이 된다.

문제의 선택지를 읽을 때도 꼭 암기해야 하는 내용을 볼 때는 튀는 내용을 섞어본다.

> 지방자치단체는 조례를 위반한 행위에 대하여 조례로써 1천만 원 이하의 과태료를 정할 수 있다. (O) (2015 교육행정 9급 행정학)

이 선택지에서는 "1천만 원 과태료 내면 나 파산해!"처럼 말하면서 공부하면 꼭 기억해야 하는 금액을 튀게 만들어 쉽게 기억할 수 있다.

이미지와 연결하자

"아, 키 크고 얼굴 하얀 그 사람 이름이 뭐더라?"

우리는 사람을 기억할 때 이름보다 얼굴을 더 잘 기억한다. 실제 사람의 뇌는 문자보다 형상을 더 잘 기억한다고 한다. 이미지로 기억하면 더 쉽게 학습하면서 오래 기억할 수 있다는 연구 결과는 상당히 많다. 뇌과학자 존 메디나는 "정보를 들으면 사흘 후에 10%만 기억하지만 여기에 그림을 보태면 65%를 기억한다"라고 말했다. 미국 스탠퍼드 대학교 로버트 혼 교수의 연구 결과에 따르면, 듣고 기억한 정보가 15% 정도만 머릿속에 남을 때, 이미지와 함께 기억한 정보는 무려 89%가 남왔다고 한다.

따라서 가급적 암기해야 할 것과 연상되는 모습을 연결해 두면 암기 효과가 상당히 높다. 앞서 언급한《경선식 수능 영단어》에서도 이 점을 적극 활용한다.

"soar(높이 치솟다, 물가 등이 치솟다): 미사일을 쏘아(soar)서 하늘 높이 치솟는 모습(이미지)을 연결하면 잊지 않고 soar을 암기할 수 있다."

암기해야 할 것이 연상되는 장면이 없어도 이 방법을 활용할 수 있다.

연구 결과에 따르면 사람들이 그림이 있는 신문 기사의 내용을 더 잘 기억한다고 한다. 놀라운 점은 아무런 관련이 없는 그림이 있어도 그 기사를 잘 기억한다는 것이다. 생각해보면, 사람의 이름과 얼굴 사이에는 인과관계가 없다. 우리가 이름과 얼굴을 매치하여 기억할 뿐이다. 무작정 암기할 때도 그런 원리를 활용해야 한다.

나는 영어단어를 외울 때 이미지와 자주 연결한다. 예를 들어보겠다.

① prescribe(처방을 내리다, 규정하다)를 암기하는 경우 스크립트 종이를 떠올린다. '약사가 종이로 무엇을 쓰는 모습'을 생각하면 '처방하다'라는 뜻이 떠오른다.

② carry out(~을 완수하다)은 캐리어를 완전히 옮긴 모습을 떠올린다.

역사적 사건을 암기할 때도 마찬가지다.

③ '옥포해전'은 이순신 장군의 첫 번째 승리한 해전이다. 옥포의 '포'로부터 생각하면 '첫 축포'를 떠올려 '처음으로 이긴 해전'으로 암기한다.

④ '노량해전'은 이순신 장군의 마지막 해전인데, 노란색 석양을 떠올려 마지막 해전의 이미지를 떠올린다.

크게 관련이 없는 이미지라도 관련지어놓으면 나중에 기억하기 좋다. 암기가 잘되지 않는 단어들은 내 생활 속의 이미지와 잘 연결해보길 바란다.

압축

필요한 것만 딱딱 외우는 전략

시험공부를 해보면 늘 '시간이 부족하다'고 느낀다. 시험이 임박하면 수험생들이 "딱 한 달만 더 시간이 있었으면 좋겠어요"라는 말을 가장 많이 하는데, 내가 해주는 말은 항상 같다.

"어차피 한 달 더 주어져도, 다시 그 시간이 지나면 또 한 달만 더 있었으면 좋겠다는 생각을 할 거예요. 그리고 추가로 시간이 주어진다고 해도 경쟁자에게도 동일하게 주어집니다. 그것보다 더 중요한 것은 남은 시간을 얼마나 효율적으로 쓰느냐겠죠."

필요한 것만 정확하게 표적해서 암기하자

시험을 잘 보려면 암기가 필요하다. 시험이 임박했을 때, 남은 시간을 가장 효율적으로 사용하는 방법은 '암기해야 할 것을 정확하게 집어서 암기하는 것'이다. 일단 어떤 것을 암기해야 하는지 정확한 표적을 잡는 것이 중요하다.

내가 공인중개사 시험을 공부할 때의 일이다. 직장에 다니며 비교적 짧은 기간(3개월) 공부하다 보니 공부량이 부족할 수밖에 없었고, 암기할 것이 너무 많아 뒤로 갈수록 모든 내용을 정리하기 어려웠다. 특히 세율과 같이 무조건 외워야 하는 내용이 발목을 잡았다.

이런 부분을 어떻게 단기간에 정복할까 고민하다가 내린 결론은 이렇다. 시험에서 선택지로 변형되어 나올 것만 시험 30분 전에 보고 들어가는 것이다. 그리고 시험지를 훑어서 외운 것과 다른 내용이 나온 게 있으면 틀린 선택지로 체크하고 넘어가는 것이다.

예를 들어, 양도소득세 세율표는 다음과 같다.

구분		세율
토지·건물·부동산에 관한 권리	미등기자산	70%
	등기자산으로서 그 보유기간이 1년 미만인 자산	50%
	등기자산으로서 그 보유기간이 1년 이상 2년 미만인 자산	40%
	등기자산으로서 그 보유기간이 2년 이상인 자산	6~38%
주택	미등기자산	70%
	등기자산으로서 그 보유기간이 1년 미만인 경우	40%
	등기자산으로서 그 보유기간이 1년 이상인 자산	6~38%

이것을 그냥 외우겠다고 생각하면 상당히 막막할 것이다. 그런데 나는 시험 30분 전에 '토지건물, 주택순, 미 70, 1년 50, 2년 40 / 미 70, 1년 40'라고 외운 다음 시험지를 받았다. 그랬더니 실제로 아래와 같은 문제가 나왔다.

소득세법상 등기된 국내 부동산에 대한 양도소득과세표준의 세율에 관한 내용으로 옳은 것은? (27회 공인중개사)
① 1년 6개월 보유한 1주택: 100분의 40
② 2년 1개월 보유한 상가건물: 100분의 40

③ 10개월 보유한 상가건물: 100분의 50

④ 6개월 보유한 1주택: 100분의 30

⑤ 1년 8개월 보유한 상가건물: 100분의 5

답: ③

'토지건물, 주택순, 미70 1년 50, 2년 40 / 미 70, 1년 40'을 읊어본 후 문제를 보면,

① 1년 6개월 보유한 1주택: 100분의 40 → 주택은 1년 미만만 40%니까 1년 6개월은 40 아님

② 2년 1개월 보유한 상가건물: 100분의 40 → 2년 넘었으니 40% 적용 안 됨

③ 10개월 보유한 상가건물: 100분의 50 → 1년 미만은 50%가 맞음

④ 6개월 보유한 1주택: 100분의 30 → 30이라는 숫자는 외운 적이 없음

⑤ 1년 8개월 보유한 상가건물: 100분의 5 → 5라는 숫자는 외운 적 없음

④번, ⑤번 보기의 경우 아예 외운 적이 없는 숫자이므로 문제를 풀 때 바로 제외하면 된다. ①번, ②번 보기의 경우에도 읊은 내용에서 빨리 제외할 수 있다. 답은 ③번이다. 세율과 같이 가장 복잡하고 암기하기 싫은 파트만 따로 시험 직전에 본 후 그 문제부터 풀면 가장 적게 기억하면서 가장 빠르게 문제를 풀 수 있다. 이것이 필요한 것만 딱딱 외우는 전략의 핵심이다.

필요한 것만 딱딱 외우는 전략에서 첫 번째 중요한 지점은 바로 '무엇을 암기해야 하는가'이다. 사냥감인 표적이 보여야 총을 쏠 수 있듯이, 목표물을 알아야 정확하게 필요한 것을 외울 수 있다.

변형 포인트를 알자

이를 위해서는 시험에서 변형되는 포인트를 알아야 한다. 주로 숫자, 날짜, 장소, 소속, 학자 이름 등이 변형되는 경우가 많다. 아래 예를 보자.

종합부동산세법상 주택에 대한 과세 및 납세지에 관한 설명으로

옳은 것은? (33회 공인중개사)

① 납세의무자가 법인이며 3주택 이상을 소유한 경우 소유한 주택 수에 따라 과세표준에 1.2%~6%의 세율을 적용하여 계산한 금액을 주택분 종합부동산세액으로 한다.

② 납세의무자가 법인으로 보지 않는 단체인 경우 주택에 대한 종합부동산세 납세지는 해당 주택의 소재지로 한다.

③ 과세표준 합산의 대상에 포함되지 않는 주택을 보유한 납세의무자는 해당 연도 10월 16일부터 10월 31일까지 관할 세무서장에게 해당 주택의 보유현황을 신고하여야 한다.

④ 종합부동산세 과세대상 1세대 1주택자로서 과세기준일 현재 해당 주택을 12년 보유한 자의 보유기간별 세액공제에 적용되는 공제율은 100분의 50이다.

⑤ 과세기준일 현재 주택분 재산세의 납세의무자는 종합부동산세를 납부할 의무가 있다.

답: ⑤

①번은 세율이 틀렸다. 1천분의 50의 세율을 적용한다(1.2%~6% X).

②번은 납세지가 틀렸다. 납세지는 납세자의 주소지나 거소지로 한다.

③번은 날짜가 틀렸다. 10월 16일부터 10월 31일이 아니라 9월

16일부터 9월 30일까지다.

④번은 숫자가 틀렸다. 100분의 50이 아니라 100분의 40이다.

정부업무평가에 대한 설명으로 옳지 않은 것은?

(2020 군무원 7급 행정학)

① 정부업무평가위원회는 대통령 직속 하에 설치한다.

② 행정안전부 장관은 평가의 객관성 및 공정성을 위해서 지방자치단체의 평가를 지원한다.

③ 중앙행정기관장은 성과관리 전략계획에 기초하여 연도별 시행계획을 수립 및 시행한다.

④ 중앙행정기관장과 지방자치단체장은 매년 자체평가위원회를 통해 자체평가를 실시한다.

답: ①

---

①번이 틀렸다. 대통령이 아니라 국무총리 소속이다.

기계적 효율성과 사회적 효율성에 대한 개념으로 옳지 않은 것은?

(2010 국회 9급 행정학)

① 사이먼(Simon)은 기계적 효율성을 대차대조표적 효율성이라고 표현하고 성과를 계량화하여 객관적인 기준에 따라 효율성을 평가한다고 보았다.

② 사회적 효율성은 사회목적 실현과 다원적인 이익들 간의 통합 조정을 내용으로 한다.
③ 기계적 효율성은 디목(Dimock)이 강조한 개념이다.
④ 사회적 효율성은 민주성의 개념으로 이해되기도 한다.
⑤ 기계적 효율성은 정치·행정 이원론의 시대에 경영학의 과학적 관리론이 행정학에 도입되면서 중요시된 효율관이다.

답: ③

③번이 틀렸다. 디목(Dimock)은 기계적 효율성이 아니라 사회적 효율성을 강조했다.

이런 사례를 보면 알겠지만, 객관식 시험은 소속, 학자 이름과 같이 주로 정확한 사실 관계를 바꾸어서 문제를 낸다. 그 이유는 간단하다. 출제자 입장에서 정확한 사실 관계를 바꾸어 내야 문제 오류가 발생하지 않기 때문이다. 그래서 시험에 대비한 암기는 단순한 사실 관계를 명확하게 파악하는 것이 핵심이다.

잘 외워지지 않는 것,
사람들이 자주 틀리는 것

시험은 답을 찾는 것이 목표다. 따라서 '답을 찾는 암기'를 해야 한다. 답을 잘 찾으려면 잘 외워지지 않는 것, 헷갈리는 것을 정확하게 정리해야 한다.

의외로 2가지를 구분해야 하는 것이 어렵다. 예를 들어 자율적·주관적·내재적 책임성(내 마음으로부터 우러나오는 책임감)은 '프리드리히'라는 학자가 강조한 입장이고, 제도적·객관적·외재적 책임성(외부로부터 주어지는 법적 책임)은 '파이너'라는 학자가 강조한 입장이다.

'프리드리히(Friedrich)는 내재적 통제보다 객관적·외재적 책임을 강조한다(2021 지방 9급 행정학)'라는 표현이 나오면 의외로 답을 구분하기가 어렵다(틀린 보기임. 프리드리히는 자율적 책임성을 강조함).

2가지를 구분해야 하는 헷갈리는 내용, 자주 틀렸던 문제들은 시험 직전에 명확히 할 수 있도록 따로 정리해야 한다.

사람마다 약한 파트는 다르겠지만, 다른 사람이 자주 틀리는 것은 나도 자주 틀릴 가능성이 높다. 나는 매일 학생들에게 오픈카카오톡방을 통해 문제를 내고 문제 푼 내역을 네이버 카페에 올리게 해서 무엇을 틀렸는지 확인하는데, 틀리는 문제가 신기할 정도로 비슷하다.

사람의 사고방식은 비슷하고, 약한 파트도 80% 정도는 비슷하다. 따라서 다른 사람들이 자주 틀리는 내용이라면, 지금은 잘 풀린다 하더라도 따로 '암기가 필요한 것'으로 구분해서 정리해두는 것을 추천한다.

필요한 것만 딱딱 외우는 전략에서 또 하나 중요한 점은 '정확하게 암기하기'다. 꼭 기억해야 하는 것이 있는데, '현재 암기했다고 느끼는 것'과 '실제 시험장에서 떠올릴 때의 확신감'은 차이가 있다는 것이다. 분명 여러 번 보았다고 해도 시험장에서 가면 나도 모르게 '제대로 암기한 게 맞나?' 하는 생각이 든다.

그 이유는 '불안함' 때문이다. 시험장에서는 불안하니까 알고 있던 내용에도 자꾸 '제대로 알고 있나?' 하는 의문을 제기하다 보면 제대로 암기한 내용도 흔들리게 된다. 이런 부분을 고려해서 한 번 더 체크하는 연습이 필요하다.

정확하게 인지하는 방법은 의외로 간단하다.

① 한 번 더 보기

② 형광펜으로 색칠해두기

굵게, 진하게, 크게 써서 읽기 좋게 만드는 것만으로도, 뇌가 '이건 쉽다'고 여기는 효과를 얻을 수 있다고 한다. 그렇게 하면 더 접근하기 쉽고 기억하기 쉬워, 결국 암기하기도 쉬워진다.

잘 표시해두는 것만으로도 머릿속에 정확하게 인지하는 데 도움이 된다. 꼭 외워야 할 내용은 지금은 기억이 나더라도 표시를 해두어서 한 번 더 정확하게 보면, 실제 시험장에서 흔들리지 않고 답을 찾는 데 도움이 된다.

반복

가장 효율적인 복습 주기

나는 기본 강의를 시작할 때 늘 학생들에게 물어본다.

"공부를 처음 하시는 분인가요? 아니면 공부한 적이 있으신가요?"

그러면 "지난번에 시험까지 다 응시했습니다" "재시생입니다" "이번에 처음 공부를 시작했습니다" 등의 답변도 있지만, "처음은 아니고 한 번 강의를 들은 적은 있습니다"라고 답변하는 경우가 있다. 이 경우에도 나는 처음 공부하는 것과 같다고 보고 가르친다. 내가 이전에 수업을 듣거나 공부한 적이 있어도 일정한 기간 내에 반복을 해주지 않으면 모두 휘발되기 때문이다.

얼마나 자주 봐야 효율적일까?

한 번 강의를 듣고 몇 개월이 지났다면 사실상 머릿속에 남는 것이 없다고 보면 된다. 사실 한 번 강의를 듣는 데도 노력과 정성이 필요하다. 책과 강의를 구매하는 비용, 그 강의를 듣는 데 들어간 시간(기본 강의는 대부분 긴 편이다. 공무원 시험이나 공인중개사 시험을 기준으로 했을 때 과목별 30~70시간 정도니 하루 세 시간씩 공부해도 모두 듣는 데 10~20일 정도 걸림)을 고려했을 때, 강의를 들은 후 전혀 복습을 하지 않아 모든 것을 날려버린다면 상당히 아까운 시간을 버린 셈이 된다. 내가 공부한 노력을 날려버리지 않으려면 반드시 일정 기간 안에 복습해야 한다.

그럼 어느 정도 기간을 두고 암기해야 효율적일까? 이와 관련된 여러 연구가 있다.

① 뇌가 버려도 되는 정보라고 판결하는 기한은 3일이다. 3일이 지나도록 사용되지 않는 정보는 삭제된다. 따라서 기억해둔 것을 잊어버리고 싶지 않다면 3일 안에 복습해야 한다.

② 학습 효과를 높이려면 학습 후 1주에서 6주 사이에 반드시 다시 보아야 한다.

③ 독일의 심리학자 헤르만 에빙하우스에 따르면 사람의 기억은 학습 후 20분 뒤 약 42%를 잊고, 한 시간이 지나면 약 56%를 잊으며, 하루 뒤에는 약 74%를, 7일이 지나면 80%를 잊는다고 한다. 그리고 새 정보가 장기 기억으로 저장될 때까지는 6주가 걸린다고 한다.

결국 여러 연구를 종합해보면, 가급적 하루 안에, 늦어도 3일 안에 복습을 해주어야 하고, 새로운 내용을 공부한 후 6주 안에는 가급적 자주 보아서 장기 기억으로 저장하도록 유도해야 한다. 반대로 강의를 들은 후 6주 안에 다시 보지 않았다면, 사실상 공부한 것을 다 날려먹고 새로 공부해야 한다고 판단하면 된다.

반복 간격도 암기 효과를 결정한다

"자주 보세요. 반복하면 암기할 수 있습니다."

암기에는 반복이 중요하다. 하지만 무작정 반복하는 것 또한 답이 아니다. 자주 보는 것만큼 중요한 것은 반복 간격이다.

토론토 대학의 엔델 털빙 교수와 영국의 심리학자 앨런 배들리는 간격을 두지 않고 반복해서 읽는 것은 암기에 큰 도움이 되지 않는다는 것을 실험에서 밝혀냈다고 한다. 간격을 두지 않고 2번 읽은 것은 1번 읽은 것과 동일하다. 즉 한 자리에서 2번 본 것은 암기 효과 측면에서는 1번 본 것과 동일하다.

당일에 한 번, 주말에 한 번, 6주 안에 한 번

완전히 잊기 전에 다시 보아야 한다. 에빙하우스의 망각곡선을 적용해보면, 몇 시간 안에 꼭 다시 보는 게 좋다. 그래서 내가 추천하는 복습 간격은 '1주 이내에 최소 2회, 6주 이내 1회 더'이다.

처음 3회를 반복할 때 ① 공부한 당일 저녁에 1번, ② 일주일의 마지막 날에 이번 주에 공부한 내용을 다시 1번 보는 것을 추천한다. ③ 마지막으로 처음 공부한 지 6주 이내에 보아야 장기 기억으로 저장될 수 있다.

학습 초반 '1261 전략'을 써라. 일주일 이내에 2회를 반복한다. 공부한 당일에 1번 복습, 주말에 1번 더 복습하는 것이다. 그리고 6주 안에 1번 더 본다. 이렇게 반복 간격을 정하면 암기한 내용이 휘발되는 것을 줄일 수 있을 것이다.

누적해서 보는 게 더 효과적일까?

"학습한 내용을 누적해서 복습하면 암기 효과가 더 높아지지 않을까요?"

당연히 더 좋다. 새로 외운 것을 복습할 때 이전에 외운 것까지 반복한다면, 효과는 더욱 극대화된다. 할 수만 있다면 누적 복습을 추천한다. 할 수만 있다면 말이다.

사실 최근 시험들의 공부량이 많아져서 누적 복습을 하기가 쉽지 않다. 범위가 적은 경우라면 누적 복습을 추천하지만, 그렇지 않다면 기간을 나누어 누적 복습을 하자. 예를 들어 일주일 동안 공부한 내용까지만 누적해서 학습하고, 일주일이 넘은 내용은 반복 범위에서 제외하는 것이다.

영어단어와 같은 단순 암기는 누적 학습을 하는 게 특히 좋다. 한번 암기해두면 다시 보는 데 많은 시간이 걸리지 않기 때문이다. 그리고 단순 암기 사항은 자주 보는 것이 가장 효과적이다. 어제 공부한 것을 복습한 후 새로운 단어를 암기한다. 그다음 날에는 어제와 그저께 암기한 내용까지 본다. 이런 방식으로 공부하면 암기 효과를 높일 수 있다.

깊이

시험별 암기의 정도를 파악하는 기술

수험생 중에 "도대체 어느 범위까지 암기해야 하나요?"라고 질문하는 사람이 많다.

고등학교 때 공부한 것과 성인이 준비하는 시험의 가장 큰 차이는 성인들이 공부하는 시험은 공부 범위를 확정하기가 상당히 어렵다는 점이다.

고등학교 때까지는 교육부가 발표하는 '교육과정'이 있고, 그것이 학습 범위를 정하는 가이드가 된다. 대학교에서 중간·기말 시험을 준비하는 경우에는 수업 시간에 나온 내용을 중심으로 공부하면 되기에 공부 범위를 확정하기가 수월하다.

성인이 응시하는 각종 자격증 시험, 공무원 시험 등은 그에 비하면 공부 범위를 확정하기가 상당히 어렵다. 일반적으로 기출문제가 출제된 범위가 학습 범위의 가이드가 되지만, 그것만으로 공부 범위를 확정하기란 어렵다. 다음 3가지 이유 때문이다.

(1) 기출문제의 범위에서만 출제되는 게 아니다.

기출되지 않았어도 새로운 이론이 책에 담기거나 출제자가 관심을 가지는 새로운 이슈가 있다면 언제든 출제되지 않았던 내용이 출제될 수 있다.

(2) 기출된 범위도 너무 넓다.

시험 문제가 축적되다 보면 15년 전에 한 번 출제된 주제까지 암기할 것이냐 하는 이슈가 발생한다.

(3) 같은 분야에 다양한 시험이 있는 경우 기출이 너무 많다.

예를 들어 행정학의 경우 국가 9급 공무원 시험, 지방 9급 공무원 시험에도 출제되지만 국가직 7급 공무원 시험, 지방직 7급 공무원 시험, 국회직 8급과 9급, 경찰간부, 소방간부, 해경간부, 공기업 취업 시험, 행정사 자격증 시험 등에도 출제된다. 그래서 기출문제의 종류가 너무나 다양하다. 내가 준비하는 시험 외 다른 곳에서 출제된 내용도 암기해야 하는지에 대한 이슈가 발생한다.

따라서 암기의 범위를 확정하기란 쉽지 않은데, 다음 3가지 기준을 알면 암기 범위를 확정하는 데 상당한 도움이 될 것이다.

시험 형태: 객관식이냐, 주관식이냐

알다시피 객관식 시험은 보기 중에서 하나를 답으로 체크하는 것이고, 주관식 시험은 내가 답을 직접 적는 것이다.

객관식은 '선택지를 읽어보고 이 선택지가 맞는지, 틀리는지'를 판별만 할 수 있으면 된다. 즉 문제 풀이에 대한 모든 단서가 내 눈앞에 주어진다. 반면 주관식은 시험에서 물어보는 개념을 직접 답안지에 적어야 하기 때문에 내용 하나하나를 명확하게 기억하지 않으면 답을 쓸 수가 없다.

출제자 입장에서 한번 생각해보자. 객관식 시험은 일반적으로 문항 수가 많다(과목당 20~40문항). 따라서 지엽적인 내용이라고 해도 이것저것 다양한 개념을 물어볼 수 있다. 그래서 지엽적인 내용까지 빠짐없이 학습할 필요가 있다.

반면 주관식 시험은 3~4문제, 많아도 10문제 이내로 출제된다. 상대적으로 문항 수가 객관식에 비해 적다 보니 중요한 내용을 깊이 있게 물어보는 경우가 많다. 따라서 중요한 내용을 깊이 있고 정확하게 암기하는 것이 유리하다.

같은 과목이라 할지라도 객관식인지 서술형 주관식인지에 따라 출제되는 방식은 완전히 달라진다. 예를 들어 경제학의 경우, 객관식은 수요와 공급의 탄력성을 도출하는 계산 문제나 국내총생산(GDP)의 구성요소와 같은 암기형 문제가 출제된다. 이와 달리 서술형 주관식의 경우, 최근의 한국경제와 관련된 이슈를 제시하고, 경제학의 모형에서 그 이슈를 어떻게 풀어나갈 것인지를 묻는 문제가 출제된다.

시험 문제가 다르면 공부 방식도 달라야 한다. 객관식과 주관식 시험의 공부 방식 차이를 정리해보았다.

객관식과 주관식 시험의 공부 방식 차이

구분	객관식	서술형 주관식
공부 방법	지엽적인 내용까지 빠짐없이 학습	전반적인 개념 위주로 공부하되 시사성이 있는 자료를 포함

이해 수준	각 단원에 뭐가 나오는지 아는 정도의 낮은 이해 수준이어도 됨	과목에 대한 전반적인 이해를 해야 함
학습 포인트	문제집 풀이 위주로 공부	기본서 정독 및 실제 답안을 써 보는 연습 필요
암기 중점	숫자, 이름, 두문자 암기 등 세부적인 내용을 자세히 암기	전반적인 체계를 잡기 위해 목차와 주요 개념부터 암기

객관식 시험은 다양한 내용이 넓게 나오니 '넓은 범위를 얕게' 보는 암기 전략을 취하는 것이 좋다. 또 주관식 시험은 하나를 깊게 물어보는 경우가 많고 내용이 생각나지 않으면 답을 쓸 수 없기에 '중요한 내용 중심으로 깊이 있고 정확하게' 보는 암기 전략을 취하는 것이 좋다.

경쟁률: 합격하기 어려운 시험이냐, 쉬운 시험이냐

공인중개사와 같은 절대평가 시험의 경우는 일정 점수(매 과목 100점을 만점으로 하여 매 과목 40점 이상, 전 과목 평균 60점 이상 득점한 자)를 넘기면 되기 때문에 경쟁자를 크게 의식

할 필요가 없다. 반면 공무원 시험과 같이 경쟁률이 높은 시험 (2023년 국가공무원 9급 시험의 경우 최근 31년 중 가장 낮은 경쟁률이었음에도 22.8 대 1이었음)의 경우 경쟁자들의 실력이 어느 정도인지에 따라 암기 범위를 정할 필요가 있다.

단순히 경쟁률 수치 외에 고려할 사항이 있는데, 그건 바로 경쟁자의 수준이다. 2023년 5급 공무원 시험의 경우 일반행정직의 경쟁률은 41대 1이고 재경직의 경우는 23대 1로 재경직의 경쟁률이 더 낮았지만, 1차 시험 합격선은 일반행정직은 84점이고, 재경직의 경우는 85점으로 재경직이 더 높다. 수치적 경쟁률도 중요하지만, 경쟁자의 질도 중요한 것이다.

경쟁률이 높은 시험의 경우, 경쟁자의 수준이 높은 경우라고 판단되면 보다 촘촘한 암기가 필요하다[그물망 암기법(184쪽) 참고].

나의 처지: 직장인이냐, 전업 수험생이냐

암기 범위는 자신의 상황에 따라서도 달라진다. 직장인과 전업 수험생의 차이는 아주 쉽게 말하면 '내 인생 전체를 걸고 도전하느냐, 그렇지 않느냐'의 차이다. 직장인의 경우 공부할 시간이 부족하기에 효율성과 가성비를 고려한 암기 전략으로 가야 한다. 그리고 전업 수험생은 이것만 바라보고 공부하기에 최대한 불합격 리스크를 줄이는 암기 전략으로 가야 한다.

전업 수험생과 경쟁해야 하는 상황에서 상대적으로 공부할 시간이 부족한 직장인은 어느 정도의 위험을 감내하면서 가장 효율적인 암기 방법으로 공부해야 한다. 공부할 내용을 빠르게 압축해야 한다. '모든 내용을 암기하겠다'는 마음가짐부터 버려야 한다. '어렵고 지엽적인 내용보다 중요하고 쉬운 문제를 완벽하게 풀겠다'고 생각해야 한다. 깊게, 세세하게 암기하려고 해서는 승산이 없다. 핵심만 빠르게 압축해서 자주 반복하는 것이 좋다.

전업 수험생의 경우 최대한 안전하게 가는 암기 전략이 좋다. 세부적인 내용까지 한 번씩 암기하는 전략을 수립하는 것이 유리하다[그물망 암기법(184쪽) 참고].

기억을 꺼내는 데
효과적인 암기 전략

수험생들이 많이 고민하는 것 중 하나는 열심히 공부해서 다 아는 것 같은데, 막상 문제를 풀면 잘 안 풀린다는 것이다.

"진도별 모의고사 강의도 들어보고 기출 대략 5회독 이상, 요약 강의도 3번 정도, 이론 강의도 2번 이상 들었습니다. 나름 많이 공부했다고 생각했는데 휘발되는 것도 있고 요약 강의를 들어보면 또 다 아는 내용 같아요. 어떻게 해야 할까요?"

"전업 수험생이라 일주일에 90시간 이상 공부합니다. 공무원 시험을 치다가 안 되서 군무원으로 바꾼 거라서 장수생이에요. 국어, 행정학, 행정법 모두 기출 20회독 이상 했고요. 작년 시험 결과는 행정법 70점대, 국어 60점대, 행정학 40점대였습니다. 그런데 틀리는 걸 또 틀려요. 계속 외우는데도 암기가 잘되지 않습니다."

두 고민의 공통점은 많이 공부했는데, 정작 시험을 보면 또 틀리고 헷갈린다는 점이다. 입력한 만큼 출력이 잘되지 않는 것이다. 그래서 다시 강의를 들으면 다 아는 것 같아서 강의가 지겹다. 그렇다고 다시 문제를 풀어보면 선택지의 옳고 그름이 헷갈린다. 대체 뭐가 잘못된 것일까?

'알고 있다'라는 말의 의미를 제대로 정의해야 한다. 내가 아무리 기억하고 있다고 해도, 제때 정확한 정보로 꺼낼 수 없다면 알고 있다고 보기 어렵다. 문제를 푸는 데 활용할 수 있는 지식만이 제대로 암기된 지식이다.

꺼내는 데 필요한 문제 풀이법

아는 것 같은데 문제로 풀어보면 자꾸 틀린다? 그렇다면 정확하게 알고 있는 것은 아니다. 이럴 때는 문제를 많이 풀어서 내가 정확하게 알고 있는 것이 맞는지를 확인해야 한다. 특히 선택지를 보면서 하나하나 OX 판단을 할 수 있는지 확인하며 암기하라.

미국 워싱턴 대학교 심리학과에서 한 실험이다. 학생들을 두 그룹으로 나누어 A 그룹은 공부한 다음 같은 내용을 다시 공부하게 하고, B 그룹은 공부한 후 테스트를 받게 했다. 학습 종료 5분 뒤 기억력 테스트를 해보니 A 그룹이 더 많은 내용을 기억했다고 한다. 그런데 일주일 뒤 다시 테스트를 해보니 B 그룹이 더 많은 내용을 기억했다.

여기에서 알 수 있는 것은 장기 기억으로 저장하기 위해서는 테스트를 해보는 게 유리하다는 것이다. 그리고 수일 내 시험을 보아야 하는 경우에는 반복해서 공부하는 게 유리하다. 시험 막판으로 갈수록 장기 기억보다는 단기 기억을 사용해야 하고, 그러기 위해서는 자주 반복하는 것이 좋다.

요컨대, 처음에는 문제 풀이에 중점을 두고. 마지막에는 문제 풀이보다 반복에 조금 더 초점을 맞추어야 한다. 물론 처음 공부를 시작할 때는 당장 아는 것이 없어 문제를 풀 수가 없다. 따라서 처음 학습하는 단계에서는 '내용 숙지'라는 입력에 중점을 두어야 한다.

단계별로 입력(내용 숙지)과 출력(문제 풀이)을 다음과 같이 비율로 공부해보자.

(1) [처음 공부하는 단계] 내용 숙지 8 : 문제 풀이 2

문제 풀이는 내가 공부한 내용을 제대로 숙지했는지 확인하는 정도로 활용한다. 수업을 듣고 내용을 읽어본 후, 문제를 잠깐 풀어보며 중요 개념이 머릿속에 들어왔는지 파악한다.

(2) [문제에 적용하는 단계] 내용 숙지 5 : 문제 풀이 5

내용을 다시 확인하며 정리하되, 문제를 풀며 외운 내용을 적용하는 데 중점을 두고 공부해야 한다. 각인의 단계라고 보면 된다. 내용을 숙지했는데 답을 찾지 못하는 경우가 많다면 이 과정이 부족했다고 볼 수 있다.

내가 공부한 개념이 문제에서 어떻게 구현되는지를 정확하게 알면 개념이 머릿속에 들어온다. 처음 공부하는 단계에서는 주요 개념을 제대로 알고 있는지 확인했다면, 이 단계에서는 모든 개념을 문제를 통해 확인한다고 보면 된다. 기출문제 회독 수를 늘리는 단계다.

(3) [모의고사를 통해 부족함을 찾는 단계] 내용 숙지 3 : 문제 풀이 7

짧게 정리한 내용을 회독하면서 실전 감각을 익히는 단계다. 이 단계는 시험 직전 2~3개월 전에 한다. 내용을 숙지한 후 여러 문제를 풀어보며, 숙지한 개념을 반복해서 상기한다. 진도별 모의고사 또는 연도별, 시행처별 기출문제를 주로 활용해서 자주 문제를 풀어본다. 문제 풀이에 익숙해지며 주요 내용을 암기할 수 있다.

(4) [시험 약 한 달 전] 내용 숙지 7 : 문제 풀이 3

정리된 핵심 내용을 중심으로 자주 반복한다. 문제 풀이는 실전 감각 유지용으로, 마지막으로 부족한 부분을 확인하는 수준으로 활용한다. 정리된 내용을 자주 보면서 내용을 완벽하게 암기하는 것이 목표고, 문제 풀이는 그것을 보조하는 수준으로 활용한다.

(5) [시험 일주일 전] 내용 숙지 10 : 문제 풀이 0 또는 9 : 1

정리된 내용만 자주 반복하고 새로운 문제를 풀기보다 자주 틀렸던 문제만 확인한다. 시험 일주일 전에는 문제 풀이를 할 필요가 없다. 정리된 내용을 최소 1회 이상 확인하고 시험장에 들어간다. 막판 단기 기억력을 활용하는 데는 자주 반복하는 것이 더 효과적이다.

필요한 내용을
바로바로 생각나게 하는 법

시험장에서 생각이 안 났는데 시험이 끝나고 다시 문제를 차분하게 풀어보면 바로 문제가 잘 풀렸던 경험이 있는가? 시험장에서는 긴장하게 되는 만큼 내가 아는 것도 생각보다 기억이 나지 않는 경우가 생긴다. 그래서 기억을 잘 꺼내는 방법을 훈련해두면 내 기억력을 몇 배 끌어 올릴 수 있다.

기억을 떠올릴 때는 '기억의 방아쇠'가 필요하다. 평소에 잊고 살다가 어떤 것을 보게 되면 갑자기 그것과 관련된 여러 일이 연쇄적으로 기억나는 경험을 해본 적이 있는가? 예를 들어 남산 타워에 있는 자물쇠를 보는 순간 평소에는 잊고 살던 첫사랑과의 추억이 떠오르면서 그때 있었던 여러 사건이 연쇄적으로 생각난다.

공부도 똑같다. 하나만 정확하게 생각해내면, 그러면 그것과 관련된 내용들이 줄줄이 생각날 수 있다. 이와 함께 내용들을 쭉 연상할 수 있도록 묶어두는 '기억의 끈'이 필요하다. 예를 들어 '원숭이 엉덩이는 빨개, 빨가면 사과, 사과는 맛있어, 맛있으면 바나나…'처럼 외우는 방식이다. 비슷한 개념으로 기억을 연결해놓으면 바로바로 생각나게 된다.

이 2가지를 잘 활용하면, 같은 내용을 기억해도 시험장에서 발휘할 수 있는 기억력은 몇 배 차이가 날 수 있다.

틀리는 걸 또 틀릴 때 필요한 암기

틀린 문제를 또 틀리는 이유는 간단하다. 문제에서 어디가 틀렸는지, 틀린 부분이 정확하게 어디인지 인지하지 못하고 공부하기 때문이다. 내가 보는 글자들이 모두 동일한 수준으로 중요한 것이 아니다. 암기에는 '강약'이 필요하다.

> 지방자치단체는 조례를 위반한 행위에 대하여 조례로써 1,500만 원 이하의 과태료를 정할 수 있다. (X) (2021 국가 9급 행정학)
>
> 규제개혁위원회는 위원장 1명을 포함한 20명 이상 25명 이하의 위원으로 구성된다. (X) (2014 국회 8급 행정학)

두 보기에서 중요한 것은 숫자다. 즉 1,500, 1명, 20명, 25명이라는 단어를 강하게 암기하고, 나머지는 약하게 눈으로 보면 된다. 강약을 두어 외워야 나중에 다른 방식으로 나왔을 때 정오 판단을 할 수 있다.

참고로 강하게 암기해야 할 내용(1,500, 1명, 20명, 25명이라는 단어)에 집중적으로 암기 팁을 적용하자. 예를 들어 '1천만 원 이하의 과태료를 부과할 수 있다(1,500만 원 이하의 과태료는 틀린 보기임)'를 암기해야 한다면, '경기도 과1천시'로 암기하는 것이다.

중요한 내용은 다른 시험에서 또 출제된다. 다시 다음의 지문을 보면, 어디를 중점적으로 보아야 할지 알 수 있을 것이다

> 지방자치단체는 조례를 위반한 행위에 대하여 조례로써 1천만원 이하의 과태료를 정할 수 있다. (O) (2015 교육행정 9급 행정학)
>
> 규제개혁위원회는 위원장 2명을 포함한 20명 이상 25명 이하의 위원으로 구성한다. (O) (2016 지방 7급 행정학)

어디에 중점을 두고 암기해야 하는지 알아야 비슷한 선택지가 나왔을 때, 제대로 정오 판단을 할 수 있다.

3장

초압축 암기법① : 기본편

처음 만나는 내용과 문제를 기억해야 할 때

제로베이스
백지상태에서
지식을 기억하는 방법

건물에 계단이 없다고 생각해보자. 2층도 올라가기가 힘들 것이다. 반면 계단이 있다면 100층 건물도 올라갈 수 있다. 같은 사람이라도 계단이 있냐 없냐에 따라 올라갈 수 있는 높이가 달라진다. 암기도 마찬가지다. 계단을 어떻게 밟느냐에 따라 암기력에 큰 차이가 생긴다.

암기에서 말하는 계단이란 무엇일까? 어려운 지식을 공부하기 전 내가 아는 내용, 익숙한 내용에서부터 접근하는 것이다. 처음부터 어려운 단어를 보면, 몸에서 거부감이 생기고 심

리적으로도 위축된다. 딱딱한 통곗값이나 학술용어 등을 우리
가 받아들이지 못하는 이유는 바로 한 번에 받아들이려 하기
때문이다.

암기의 계단

예를 들어보자. 지방자치론에서 '의존재원'이라는 단어가
있다. 의존재원의 뜻은 '국가나 상급 지방자치단체에 의하여
결정되고 실현되는 재원'이다. 벌써 어렵다. 이것을 바로 암기
하려고 하기보다 계단을 밟아보자. 의존재원이라는 말의 의미
를 기억하려면 '의존'이라는 말의 뜻부터 정복해야 한다.

의존적: 무엇에 기대는 성질이 있는 것, 재원: 자금의 원천
→ 다른 사람에게 기대는 자금 → 지방자치론에서 다른 사람은
국가나 상급기관 → 국가나 상급기관으로부터 받는 돈 → 국가나
상급 지방자치단체에 의하여 결정되고 실현되는 재원

일반적으로 우리가 공부하는 전공 책은 학자가 쓴 것이다.
즉 이미 그 분야에 정통한 사람이 쓴 문장들이다. 그러다 보니

처음 그 전공을 접하는 사람에게는 어려울 수밖에 없다. 따라서 2층으로 바로 올라갈 수 없듯, 계단이 필요한 것이다.

몰입에 도움이 되는 것은 적당한 난이도다. 너무 어렵지도 너무 쉽지도 않은 딱 적당하게 어려운 정도가 가장 좋다고 알려져 있다. 내가 극복할 수 있는 난이도로 바꾸어야 몰입이 가능하고, 몰입할 수 있어야 효율적인 암기가 가능하다. 계단을 오르는 방법으로 크게 2가지가 있다.

계단을 만드는 방법

어려운 단어는 쉬운 용어로 바꾸어야 쉽게 암기할 수 있다. 이것을 나는 '단어를 푼다'라고 표현한다. 꼬인 실타래를 풀듯, 단어를 쉬운 의미로 풀어주어야 쉽게 암기가 가능하다. 앞선 사례도 이 작업과 관련이 있다. 예를 들면 다음과 같다.

> 계량평가
> 계량이라고 하면 숫자화하는 것임(요리할 때의 계량컵을 떠올려보자)
> → 숫자화한 평가 → 계량평가: (수치적) 성과에 초점을 맞추는 평가, 통계, 실적치, 비율 등 수치화되어 있는 자료 활용

맹지

맹지의 맹은 '맹인'을 지칭할 때 쓰는 단어 → 눈이 보이지 않는 사람이 맹인 → 눈이 보이지 않아 길(도로)을 찾을 수 없는 땅 → 맹지: 타인의 토지에 둘러싸여 도로에 어떤 접촉면도 갖지 못하는 토지

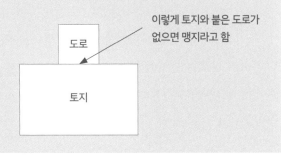

이렇게 토지와 붙은 도로가
없으면 맹지라고 함

도로

토지

미시적 예산 결정

미시는 작게 본다는 뜻(미세먼지의 '미', 시각 할 때 '시') → 작은 관점에서 예산을 결정함 → 각 부처의 예산은 작은 범위고 국가 전체의 예산은 큰 범위임 → 미시적 예산 결정: 각 부처의 예산 요구에서 시작해 아래에서부터 예산을 결정해 올라가는 방식의 예산 결정

내 경험을 계단으로 이용하기

나의 경험을 계단으로 이용할 수 있다. '이해'라는 것은 이

미 가지고 있는 기억과 연결했을 때 얻을 수 있다. 내가 직접 경험해보면 바로 이해가 되고, 기억에도 오래 남는다. 어려운 용어를 무조건 내 경험과 연결하는 것은 계단을 만드는 좋은 방법이다.

'추가경정예산'이라는 단어를 들어본 적 있는가? 뉴스에도 한번씩 나오는 단어인데(주로 '추경'이라는 표현을 쓴다), '예산 성립 후'에 '생긴 사유로 인해' '이미 성립된 예산에 변경'을 가할 필요가 있을 때 편성하는 예산을 추가경정예산이라고 한다. 이런 표현으로는 역시 기억하기가 어렵다.

추가경정예산을 비유하자면, 부모님께 이미 용돈을 받았지만 급하게 필요한 일이 생겨 용돈을 더 달라고 하는 것과 같다. 둘을 비교해보면 다음과 같다.

행정부가 국회에	내가 부모님께
예산 성립 후	이미 용돈을 받았지만
생긴 사유로	급하게 필요한 일이 생겨
이미 성립된 예산에 변경	받은 용돈이 있지만 더 달라고 함

이렇게 생각하면 어렵지 않다. 예를 들어 다음과 같은 문제가 출제되었다고 해보자.

「국가재정법」상 추가경정예산안 편성이 가능한 사유에 해당하지 않는 것은? (2021 국가 9급 행정학)
① 전쟁이나 대규모 재해가 발생한 경우
② 남북관계의 변화와 같은 중대한 변화가 발생한 경우
③ 경기침체, 대량실업 같은 중대한 변화가 발생할 우려가 있는 경우
④ 경제협력, 해외원조를 위한 지출을 예비비로 충당해야 할 우려가 있는 경우

답: ④

④와 같이, 경제협력, 해외원조를 위한 지출을 예비비로 충당해야 할 우려가 있는 경우는 추가경정예산안 편성이 가능한 사유에 해당하지 않는다. 여기서 예비비는 비상금이다. 비상금이 있다면(예비비로 충당해야 할 우려가 있는 경우), 굳이 용돈을 추가로 받아서 해결할 이유가 없다. 그렇게 때문에 추가로 용돈을 주지 않는다. 그래서 ④번은 추가경정예산안 편성이 가능한 사유에 해당하지 않는다.

이렇게 나의 경험과 연결해 생각하면 쉽게 내용을 기억할 수 있다. 잘 외워지지 않는다는 생각이 들면 무조건 계단을 만들어라. 어려운 용어가 잘 기억나지 않는 것은 능력의 문제가 아니라 단지 올라가기 힘든 세팅을 하고 공부했기 때문이다. 어떤 어려운 용어도 계단을 만들면 정복할 수 있다는 사실을 명심하자.

구조화

처음 책을 펼친 당신에게

신림동 고시촌에서는 "암기를 잘하려면 교과서 목차를 자다가도 일어나서 쓸 줄 알아야 한다"라는 말이 돌았다. 처음 이이야기를 들었을 때, 나는 '어떻게 목차를 다 외우지? 그리고이것을 외워서 어디에 쓰나? 어차피 문제에서 목차를 물어보지는 않는데'라고 생각했었다. 그런데 결국 나도 행정고시 2차 시험을 볼 때가 되니 각 과목 대부분의 목차를 외우고 있었다.

그럼 나는 왜 목차를 암기했던 것일까? 문제를 풀다 보니필요해서 자연스럽게 외우게 되었다. 문제를 봤을 때 일단 이문제가 어느 파트에서 출제되었는지를 알면 더 빠르게 관련 내용을 떠올릴 수 있고, 어떤 맥락에서 이 문제가 나왔는지를 알 수 있다. 그러면 논리적으로 답안을 써 내려가는 데 도움이 된다.

나는 왜 목차를 암기했을까?

문제를 읽고 이 문제가 어디서 나왔는지부터 파악하는 것, 나는 이것을 '주소 찾기'라고 한다.

내가 이 내용을 어디서 공부했는지를 알아야 기억을 꺼내기 좋다. 예를 들어보자.

> 취소 원인이 되는 법률행위는? (31회 공인중개사 민법)
> ① 불공정한 법률행위
> ② 불법조건이 붙은 증여계약
> ③ 강행법규에 위반한 매매계약
> ④ 상대방의 사기로 체결한 교환계약
> ⑤ 원시적 · 객관적 전부불능인 임대차계약

이 문제를 보는 순간, 먼저 떠올려야 하는 것은 무엇일까?

불공정, 증여계약, 매매계약과 같은 단어가 아닌 '취소 원인'을 보고 '무효와 취소를 구분하려고 하는 것이구나'를 떠올려야 한다. 그러면 민법에서 무효와 취소를 어디에서 배웠는지 주소를 먼저 찾아야 한다.

다음은 공인중개사 시험의 민법 목차다.

내가 사는 집 주소를 말할 때 '서울특별시 → 동작구 → 노량진동 → 자세한 주소'라고 말하지, '자세한 주소 → 노량진동 → 동작구 → 서울특별시'순으로 말하지 않는다. 문제를 볼 때도 마찬가지다. 문제를 보는 순간 '민법총칙 → 무효와 취소'순

으로 기억이 이어지면, 내가 공부했던 무효와 취소와 관련된
내용을 떠올릴 수 있다.

① 불공정한 법률행위, ② 불법조건이 붙은 증여계약, ③
강행법규에 위반한 매매계약, ⑤ 원시적·객관적 전부불능인
임대차계약은 무효에 해당하고, ④ 상대방의 사기로 체결한
교환계약은 취소에 해당한다. 그러므로 답은 ④번이다.

어디를 공부하는지 알아야 기억을 꺼내기 좋다

내가 어디를 공부하고 있는지를 알면 이해가 되지 않던 단
락이 이해되는 경우가 있다. 한 권의 책에는 흐름이 있다. 문장
하나가 잘 이해가 되지 않더라도 흐름 속에서 파악해보면 대
충이라도 어떤 말을 하려고 하는지 파악이 가능하다. 예를 들
어보자.

> 저자의 주장은 과연 타당한가(소목차)
> 지식의 오류가 있다는 것은 사실에 반(反)하는 것을 주장하고 있

음을 말한다. 이것은 저자의 지식 부족에 의하는 것이겠지만 원인은 그것만이 아니다. 원인이 무엇이든 간에 저자는 사실에 반하는 것, 있을 것 같지도 않은 것을 진실이라 하거나 크게 있을 수 있다고 상정(想定)하고 있는 것이다. 가지고 있지도 않은 지식을 가지고 있다고 주장하고 있는 것이다. 이러한 결점은 저자의 결론에 관계되는 경우에 한해서 지적하면 충분하다.

_《독서의 기술》중에서

위 문단을 읽으면 문장이 상당히 어렵다고 느껴진다. 하지만 이 문단은 소목차인 '저자의 주장은 과연 타당한가'라는 소목차를 설명하는 단락으로서 소목차를 보면, 저자의 주장을 판단하는 방법에 대한 내용 중 하나인 것으로 대략적인 파악이 가능하다.

주소 찾기가 중요한 이유

주소 찾기가 중요한 이유는 시험장에서 뼈저리게 느낄 수 있다. 시험을 볼 때는 하루에 여러 과목을 섞어서 물어본다. 즉 문제 순서는 내가 배운 순서대로 나오는 것이 아니다. 1번 문제는 과목 뒷부분에서 물어보았다가 2번 문제는 그 과목의 앞에서 물어보는 등 순서를 뒤죽박죽으로 섞어서 출제된다.

그렇기에 긴장된 상태에서 문제를 보면 갑자기 생각이 안나고 몸이 얼어붙게 된다. 이 얼어붙은 몸을 '땡' 하고 깨려면 목차부터 떠올리는 것이 좋다. 지금 내가 시험 보는 과목(앞의 사례에서는 민법)의 어디서 보았는지 목차를 떠올릴 수만 있다면 공부한 내용이 새록새록 기억나면서 문제가 풀린다.

제한된 시간 안에 문제를 풀어야 하는 시험에서 얼마나 기억을 빨리 떠올릴 수 있느냐는 득점에 중요한 요소다. 얼어붙은 당신의 기억력을 찾는 가장 좋은 방법이 바로 목차의 구조를 이해하는 것이다.

목차를 통해 어떤 맥락에서 이 공부를 하고 있는지 납득하면 암기하기가 편하다. 다음은 《조직이론》 목차의 일부다.

제3절 구조형성의 원리
 I. 논의의 출발점과 범위
 II. 구조적 특성의 지표
 III. 구조형성에 관한 고전적 원리
 IV. 관료제 모형
 V. 탈관료화의 원리

이 목차를 보면, 조직구조에 대한 전반적인 개념(구조적 특성의 지표)을 먼저 설명하고, 시대순으로 내용을 전개하고 있다(Ⅲ. 구조형성에 관한 고전적 원리 → Ⅳ. 관료제 모형 → Ⅴ. 탈관료화의 원리). 전반적인 개념을 알아야 내용을 전개할 수 있으니 먼저 개념을 설명한 것이고, 이후부터는 시대순으로 내용을 전개하고 있는데, 처음 만든 조직구조의 문제점을 계속 보완해나가며 이론이 발달했기 때문이다. 만약 탈관료화의 원리를 공부하고 있다면, '아 관료제라는 것이 문제가 있어서 이를 보완하기 위한 원리를 만들어내고 있구나'하는 맥락을 파악한 뒤에는 쉽게 그 내용을 받아들일 수 있게 된다.

목차를 암기하면 내가 이 부분을 왜 공부하는지 알 수 있어 납득이 되고, 납득이 되면 조금 더 빠르게 받아들일 수 있다. 그리고 목차를 암기해두면 각 내용이 어디에 있는지 알기 때문에 문제를 풀어본 후 내용을 찾아 정리하기도 편하다.

목차를 암기하는 방법

전개 방법을 파악해서 연결하면 목차를 쉽게 암기할 수 있다. 예를 들어보자. 다음은《미시경제학》의 목차다.

이 목차를 보면, 제1편에서 수요·공급 만나는 지점 찾기, 제2편에서는 수요곡선이 어떻게 나오는지, 제3편에서는 생산자가 공급곡선을 어떻게 만드는지, 제4편에서는 수요와 공급이 만나는 시장의 종류, 제5편에서는 시장에서 거래를 한 후 돈을 벌면 노동자들에게 어떻게 임금을 주는지 순으로 그루핑이 되어 있다.

저자의 전개 방법을 알면 관련되는 내용을 연결할 수 있는데, 제1편의 내용은 제2편, 제3편, 제4편의 각각의 내용과 연결되어 있고, 제5편과 제6편은 시장거래의 균형을 찾은 후에 진행되는 내용으로 구조화할 수 있다. 전개 방법을 파악하여 전체적인 내용이 어떻게 연결되어 있는지 분석하면 이후 암기는 쉬워진다.

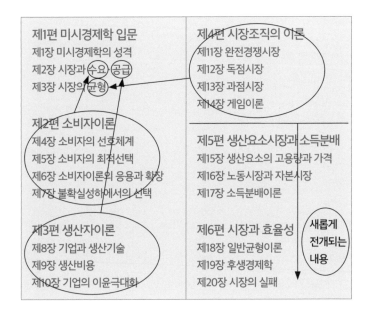

전체 내용을 분석한 후부터는 기출문제를 풀어보며 각 문제가 어디서 나왔는지 매번 확인해보는 연습만 하면 목차는 자연스럽게 암기가 되니 걱정할 것 없다(목차를 토시 하나 바꾸지 않고 완벽하게 기억할 필요도 없다).

키워드

최중요 단어로 쪼개라

이번에는 서울대 경제학부를 차석으로 졸업한 사람의 암기법을 소개하고자 한다.

먼저 오늘 수업에서 나갈 진도와 관련한 교과서나 노트(사전에 노트를 배부하는 경우)를 예습해야 한다. 그런 다음 수업을 듣는데, 이때 교수가 강의하는 내용 중 핵심 단어만 필기한다. 예를 들어 국가 간 자본유출과 환율 변동에 대한 부분을 설명하면서 우리나라의 외환위기를 그 사례로 말했다면 관련 부분에 'IMF'라고만 적어둔다.

수업이 끝난 후 적어둔 핵심 단어를 보며 오늘 수업한 내용을 머릿속으로 떠올린다. 이것을 여러 번 반복한다. 다음 수업 때도 동일한 방식으로 공부하되, 처음부터 오늘까지 수업한 내용을 누적하여 복습한다.

키워드로 공부한 내용을 끄집어내기

이 암기법에 담긴 원리는 뭘까? 핵심 단어(키워드)를 통해 학습한 내용 전체가 연상되면서 짧은 시간에 복습이 가능하다는 것이다. 누적 방식으로 복습하는 과정에서 핵심 단어를 자주 반복하게 되어 투입 시간 대비 효율성이 높다. 이 방법을 자세히 뜯어보면 상당히 좋은 암기 팁들이 숨어 있다.

(1) 방금 들은 말을 5번 반복하면 기억에 오래 남는다.
수업이 끝나자마자 그 핵심 단어를 중심으로 최소 5회 이상 반복해서 말하는 것이 좋다. 수업이 끝난 직후 여러 번 반복하면 그날 공부한 내용의 핵심 단어를 머릿속에 오랫동안 암기할 수 있다.

(2) 키워드를 통해 오늘 공부한 내용 전체를 연상할 수 있다.

기억을 잘 떠올리기 위해서는 기폭장치가 필요하다. 핵심 단어를 기폭장치로 활용하여, 자연스럽게 오늘 공부한 내용이 떠오르는 방식으로 암기하는 것이다.

(3) 핵심 단어 위주로 암기하기 때문에 매일 반복하고 누적 방식으로 복습해도 공부량이 적고 부담도 적다.

하루에 공부한 양을 핵심 단어 위주로 반복하면 30분 내에 모두 볼 수 있게 된다.

물론 이 방법을 잘 활용하려면 어느 정도 예습을 한 후 수업을 들어야 하며, 수업을 듣는 동안 아주 높은 집중력을 요구한다. 공부를 해본 경험이 부족하면 수업을 들으며 핵심 단어를 파악하기 어려울 수 있다. 이 방법을 잘 쓰기 위해서는 많은 연습이 필요하다.

키워드를 선정하는 방법

나는 시험 공부를 할 때 책에 나와 있는 전체적인 내용을 키워드로 정리해 암기하는 방법을 많이 사용했다. 책에 있는 모든 내용을 암기할 수 없기에 결국 줄여야 하는데, 내용을 줄일 때 키워드를 따서 그 내용 전체가 기억날 수 있도록 한다면, 가장 효율적인 암기가 되기 때문이다. 이는 초고효율 초압축 암기의 필수 요건이고, 다른 암기법과도 결합해서 사용할 수 있다.

키워드를 선정하는 조건은 다음과 같다.

(1) 키워드만으로 모든 내용이 기억날 수 있어야 한다.

즉 키워드를 스스로 연결해보면서 관련 내용들이 쫙 연결되어 기억날 수 있도록 해야 한다. 책에 키워드를 형광펜으로 칠해두는 것을 추천한다.

(2) 키워드로 문제가 풀릴 수 있어야 한다.

키워드로 객관식 시험의 문제를 잘 풀려면 선택지에서 키워드를 보는 순간 관련 내용들이 기억날 수 있도록 연결해두는 것이 중요하다.

예를 들어보자. 다음과 같은 표가 있다.

이 내용 전체를 암기할 필요는 없다. 지금 형광펜으로 칠한 내용만 기억해도 전체 내용이 생각날 수 있다. 따라서 키워드는 아래와 같이 정리가 가능하다. 참고로 표를 보면, ex로 사례들이 나와 있는데 이는 이미지를 통해 각 개념을 기억하기 좋게 만들기 위한 '장치'라고 보면 된다.

1. 행정의 개념

좁은 의미의 행정	정부를 중심으로 이루어지는 활동(가장 좁게는 행정부의 조직과 공무원의 활동에 대한 것) ex. 주민센터의 민원 처리
넓은 의미의 행정	관리 기술이나 협동 행위 ex. 병원과 학교의 행정실
최근에 중시되는 행정개념	행정은 정부의 단독 행위가 아니라 사회의 다양한 주체들이 함께 참여하는 협력 행위 ex. 코로나 극복을 위한 의료진과 정부의 공동노력

행정의 개념 → 협의: 정부 / 광의: 관리 기술 / 최근 중시: 협력

이제 이 키워드를 바탕으로 아래 선택지를 풀어보자.

① 행정은 넓은 의미로 공공단체, 기업체, 민간단체를 포함한 모든 조직에서 보편적으로 나타나는 활동이다. (2023 경찰간부 행정학)

→ 넓은 의미에서 보편적으로 나타난다는 것 추정 가능하니까 옳은 보기

② 좁은 의미의 행정은 행정부 조직이 행하는 공공목적의 달성을 위한 제반 노력을 의미한다. (2009 서울 9급 행정학)
→ 좁은 의미는 정부 중심 활동이니까 옳은 보기

③ 행정은 정부의 단독행위가 아니라 사회의 다양한 주체들이 함께 참여하는 협력 행위로 변해가고 있다. (2015 지방 9급 행정학)
→ 최근 중시라는 표현에서 협력이 떠오르면 옳은 보기임을 알 수 있음

문제를 보았을 때 관련 내용이 기억날 수 있도록 연결되는 개념끼리는 '협의: 정부'와 같이 세미콜론이나 화살표 등으로 연결해서 기록해두면 좋다.

공부하면 공부할수록 키워드로 압축해놓는 것의 힘이 상당히 강력하다는 것을 알 수 있다. 키워드로 내용을 줄여두면 점차 회독 속도를 높일 수 있어 시험 막바지에는 키워드만 빠르게 여러 번 훑으며 정리에 큰 도움이 된다.

그럼 키워드는 어떻게 찾을 수 있을까? 크게 보면 2가지 방법이 있다.

(1) 강의에서 중요하다고 하는 것을 체크한다.

강의에서 선생님이 중요하다고 강조하는 단어가 일반적으로 키워드가 된다. 처음 공부하는 내용의 중요도를 스스로 알기는 어렵다. 그 내용을 잘 알고 있는 사람이 자주 반복하는 단어가 키워드일 가능성이 크다.

(2) 문제에서 역으로 키워드를 추정한다.

문제를 풀어보면서 자주 언급되는 내용, 문제에서 변형되어 틀리게 만드는 내용 등을 중심으로 단어를 선별하면 보통 그것이 키워드가 된다. 키워드를 선정하는 두 번째 조건은 '키워드로 문제가 풀릴 수 있어야 한다'는 것이다. 이 점을 생각해보면, 사실상 역으로 키워드를 뽑아내는 것이다.

더불어 내가 잘 외워지지 않는 부분이 있다면 다른 형광펜 색으로 진하게 표시해두자. 앞 사례에서 '협력 행위'를 진하게 표시해두었다. 이런 식으로 내가 암기하기 어려운 키워드는 따로 표시해두면 마지막에 더 빠르게 암기할 수 있다.

연상법

외우지 않았는데
어느새 스토리가 머릿속에

나는 잘 모르지만, 주변 사람들이 동네 지인 철수가 참 인품이 좋다고들 한다. 그런데 어느 날 내가 교통사고를 당해서 쓰러졌을 때 우연히 철수가 이를 보았고, 사고 처리를 도와주었다고 해보자.

아마 이런 경험을 한다면, 이후에 철수가 인품이 좋다는 기억은 굳이 외우려고 하지 않아도 내 머릿속에 남아 있을 것이다. 사람은 정확하게 한번 납득할 수 있는 경험을 하면, 굳이 기억하려는 노력을 하지 않더라도 자연스럽게 각인된다.

스토리로 기억하면 이해가 빨라진다

실제로 이해는 이미 가지고 있는 기억과 연결했을 때 얻을 수 있다고 알려져 있다. 즉 책에 적힌 내용은 읽는 사람의 저장고(지식·경험·기억)와 연결됨으로써 납득할 수 있고, 이를 토대로 이해했다고 말할 수 있다. 이것이 실제 해본 사람과 해보지 않은 사람 간의 기억력 차이다. 이러한 기억의 특징을 이용해서 암기하면 효과적이다.

회계학에는 '현금주의'와 '발생주의'라는 개념이 있다. 현금주의는 현금을 수취하거나 지급한 시점에 거래를 인식하는 방식이고, 발생주의는 현금의 수불과 무관하게 거래가 발생한 시점에 거래를 인식하는 방식이다.

처음 이 개념을 접했을 때 받아들이기가 쉽지 않다. 당연히 암기도 쉽지 않다. 하지만 스토리를 통해 기억하면 어렵지 않다.

예를 들어 당신이 미용실에 갔다고 가정해보자.

"커트 부탁드립니다."

커트가 끝난 후 계산을 하려고 카운터에 갔는데, 깜빡 지갑을 두고 왔다.

"아, 제가 지갑을 두고 와서요. 다음에 계산해도 될까요?"

"네, 단골손님이시니 다음에 오시면 주세요."

이 이야기에서 커트 서비스라는 거래가 발생했으므로 발생주의 기준으로는 헤어디자이너 입장에서 수익이 발생한 것으로 볼 수 있지만, 현금이 들어오지 않았으므로 현금주의 기준으로는 수입이 발생한 것으로 볼 수 없다.

이처럼 같은 개념을 공부해도 미용실에서 외상을 한 스토리로 연결하면 기억력을 높일 수 있다. 우리 주변에서 흔히 볼 수 있는 스토리와 연결한다면 어려운 개념도 쉽게 접근할 수 있다. 이제 다음 문제를 보자.

기업이나 국가의 회계기준에서 경제적 거래가 발생하는 시점에 거래를 기록하는 방식을 무엇이라 하는가? (테샛 경영학)
① 현금주의
② 실현주의
③ 총액주의
④ 발생주의
⑤ 권리의무 확정주의

답: ④

경제적 거래라는 것은 미용실에서 커트를 하는 것이고, 커트를 서비스받는 시점에 경제적 거래가 발생한 것이다. 이것이 생각나면, 정답은 발생주의임을 알 수 있다.

인간의 뇌는 추상적인 표현보다 사건과 같이 구체적인 것을 잘 기억한다고 한다. 그리고 내 주변의 실제 사례와 연결하면 추가로 새로운 내용을 머릿속에 넣을 필요가 없어 암기 부담도 줄어든다. 따라서 자신의 경험 등의 스토리와 연결해두면 단순히 추상적인 개념을 억지로 외우려고 했을 때보다 문제가 훨씬 잘 풀린다.

실제 수험생들에게 이 내용을 설명해본 결과, 미용실 스토리를 들었을 때 훨씬 더 기억이 잘 나고 문제도 잘 풀렸다고 한다. 그리고 굳이 현금주의, 발생주의에 대한 의미를 암기하지 않아도 풀렸다고 하니, 스토리를 통한 암기는 확실히 도움이 된다.

스토리를 만드는 방법

그럼 어떻게 스토리 암기를 활용할 수 있을까? 스토리를 만드는 방법을 알아보자.

우선 스토리는 내 주변 실생활에서 찾아야 한다. 꼭 경험하지 않았더라도 미디어에서 접한 이야기도 좋다. 그래서 영화 스토리를 통해 기억하는 것도 좋은 방법이다.

예를 들어보겠다. 부패의 유형에 '생계형 부패'와 '권력형 부패'가 있다. 생계형 부패란 대단한 이익을 얻기 위해서라기보다는 적은 소득을 보충해 생계를 유지하기 위해 부패 행위가 이루어지는 행태를 말하고, 권력형 부패란 정치인이나 혹은 일반 공무원 중에서도 상위직 공무원에 의해 행해지는 부패를 말한다. 이것을 영화 〈범죄와의 전쟁〉 스토리와 연결해보자.

① 생계형 부패 → 부산항에서 일하는 세관원 최익현 주임(최민식 역)이 밀수 및 뒷돈 거래 등으로 불법적인 이윤을 챙겨서 많은 자식을 키우는 모습

② 권력형 부패 → 최익현이 부산 최대 폭력조직의 보스, 최형배(하정우 역)와 함께 안기부(과거 국가정보원) 고위 관료에게 줄을 대어 산 지역에 카지노 허가를 얻어내는 모습

이렇게 떠올리면 굳이 개념을 암기하지 않고도 쉽게 기억해낼 수 있다.

앞의 예를 다시 보자.

① '거래가 발생한 시점에 거래를 인식' → 헤어 커트가 이루어진 시점

② '현금을 수취하거나 지급한 시점' → 카운터에서 현금을 주고받은 시점

이렇게 핵심 개념과 사례가 어떻게 연결되는지를 명확하게 정리해두어야 나중에 문제를 풀 때 정확하게 답을 찾을 수 있다.

4장

초압축 암기법② : 심화편

책 한 권을 통째로 뇌에 새겨야 할 때

스피드
속도를 높이는 암기법

시험공부를 위해 암기를 하다 보면 꼭 시간을 많이 할애했다고 해서 암기가 잘되는 건 아니라는 것을 느끼게 된다. 게다가 암기량이 많다고 반드시 시험에서 높은 점수를 받는 것도 아니다. ① 암기 시간과 암기량 간의 비법, 그리고 ② 암기량과 시험 점수 간의 비법이 있다. 2가지 비법을 활용해 효율성을 높여야 고득점을 받을 수 있다.

비법 1. 같은 시간에 더 많이 암기하는 법

먼저 비법 ①에서 속도를 높이려면 같은 시간에 많은 범위를 암기해야 한다. 그렇게 하는 방법은 다음과 같다.

(1) 문제를 풀어 포인트를 잡는다.

처음 공부할 때 읽는 기본서의 쪽수를 보라. 적은 양이 아니다. 적어도 400~500쪽, 두꺼운 책은 1,000쪽도 넘는다. 이걸 모두 외운다는 것은 불가능하다. 결국 정확하게 암기하고 머릿속에 남길 것을 찾아야 한다.

시험을 준비하는 것은 한 학문의 지식 중 시험에 필요한 것만을 추려내서 머리에 각인시키는 과정이다. 여러 번 읽는 공부하는 과정에서 내가 무엇을 외울까 고민하며 암기할 내용을 추려내는 기준을 만들어야 한다.

가장 중요한 건 문제를 푸는 것이다. 그렇기 때문에 '어떤 부분을 정확하게 알고 있어야 문제가 풀리는지'를 기준으로 포인트를 잡아야 한다. 공부할 때 기출문제를 풀어보는 것은 이 포인트를 잡는 것이 목적이다. 사실 기출문제는 '이미 출제된 문제'이기에 똑같이 다시 나올 가능성은 높지 않다. 하지만 기출문제를 통해 정확하게 암기할 내용을 찾을 수 있다.

(2) 이해할 것과 암기할 것을 구분한다.

이해가 동반되면, 암기에 도움이 된다. 하지만 학자 이름, 연도 등 이해할 필요가 없이 무작정 암기해야 할 것들도 분명히 존재한다. 특히 시험공부에서는 더욱 그렇다. '이해한 후 넘길 부분'과 '암기해야 할 부분'을 구분하며 공부하면 시간 대비 많은 범위를 암기할 수 있다.

① 이해할 내용: 용어의 개념, 이론의 시대적 배경, 전반적인 내용을 파악하는 데 도움이 되는 사례, 내용을 이해했으면 굳이 암기를 하지 않아도 되는 내용

② 암기할 내용: 공식, 핵심 지문, 숫자 등이 변형되어 출제되는 부분

둘을 구분한 후 이해할 것은 시간을 들여 자세하게 보고, 암기할 것은 빠르게 정리하거나 체크 표시를 해둔다.

여기서 주의할 점! 암기할 것에 굳이 시간을 많이 들여서 공부하지 마라. 예를 들어 공식을 알면 문제를 풀 수 있는 경우, 공식을 암기만 하면 된다. 굳이 그 공식이 어떻게 도출되었는지를 생각해보는 것은 시험 공부를 하는 입장에서 시간 대비 암기량을 늘리는 데 도움이 되지 않는다.

예를 들어 대통령 소속 위원회에는 방송통신위원회와 규제개혁위원회가 있다. 이 위원회가 왜 대통령 소속일까 생각하기보다는 '대통령 방규(대통령 소속 방송통신위원회와 규제개혁위원회)'로 빨리 외워버리는 것이 시간 대비 암기량을 높이는 방법이다[무작정 외워야 할 때 쓸 만한 방법(231쪽) 참고].

(3) 조사, 접속사, 당연한 내용은 제외하라.

조사, 접속사와 같은 핵심 내용이 아닌 부분까지 암기할 시간은 없다. 실제 뇌가 한 번에 기억할 수 있는 양이 정해져 있으므로 최대한 군더더기 없이 암기해야 한다. 필요한 것만 추려내야 속도감 있게 암기할 수 있다. 예를 들어보자.

> 정부가 저소득층의 주거안정을 위해 공급하는 국민임대주택의 임대료가 시장임대료보다 낮다면 임대료 차액만큼 임차가구에게 주거비를 보조하는 효과가 있다. (공인중개사 부동산학개론 제18회 기출)

위 문장에서 '저소득층의 주거안정을 위해 공급하는 국민임대주택'이라는 말은 당연한 말이므로 빨리 넘긴다. '임대주택 시장가보다 낮은 경우 차액은 보조효과'로 줄여서 기억하고 넘어가야 한다.

비법 2. 문제 푸는 데 도움이 되는 것만 암기하는 법

비법 ②에서 속도를 높이려면 문제 푸는 데 도움이 되는 것만 암기해야 한다. 그 방법은 다음과 같다.

(1) '무엇은 무엇이다'로 외워라.

객관식 시험의 문장은 '무엇은 무엇이다'의 형태로 출제된다. 복잡한 내용이 있더라도 '무엇은 무엇이다'의 형태로 바꾸어 암기해두어야 시험에서 응용하기가 편하다. 예를 들어보자.

> 장기전세주택이란 국가, 지방자치단체, 한국 토지주택공사 또는 지방공사가 임대할 목적으로 건설 또는 매입하는 주택으로서 20년의 범위에서 전세 계약 방식으로 공급하는 임대주택을 말한다.

① '장기전세주택은 국가, 지방자치단체, 한국 토지주택공사 또는 지방공사의 임대목적이다'
② '장기전세주택은 20년 범위다'

이렇게 잘라서 암기해야 속도를 낼 수 있고, 문제를 풀 때도 두 문장으로 나누어 정오 판단을 하면 보다 빠르게 문제를 풀 수 있다.

참고로 장기전세주택이므로 당연히 전세 계약 방식의 임대주택이기 때문에 '전세 계약 방식으로 공급하는 임대주택을 말한다'는 부분은 따로 정리하지 않아도 된다.

(2) 절반만 암기하라.

어떤 요인이 다른 것에 영향을 미치는 경우 한 가지 방향만 확인하고 다른 방향은 그 반대이므로 따로 암기하지 않는 것이 좋다. 예를 들어 경제학에서 '대체재의 가격이 상승하면 수요가 증가한다는 사실'을 암기하는 경우 '대체재의 가격이 하락하는 경우 수요가 감소한다는 사실'은 굳이 따로 암기할 필요가 없다.

또한 하나를 외우면, 다른 하나는 자동적으로 반대 개념인 경우도 하나만 정확히 외우면 된다. 예를 들어 네거티브 방식이란 '원칙적으로는 수입을 허용하되 예외적으로 수입을 제한하는 품목을 명시하는 방식'을 의미한다. 네거티브 방식은 원칙 허용인데, 그 반대 개념인 포지티브 방식은 '원칙적으로는 수입을 제한하되 예외적으로 수입을 허용하는 품목을 명시하는 방식'이다. 네거티브 원칙 허용을 암기했다면, 그 반대 개념은 굳이 외우지 않아도 알 수 있다.

둘을 외우는 것보다 하나를 외우는 게 시간은 적게 걸리면서 시험장에서 답을 찍어내는 데는 동일한 효과를 볼 수 있다.

(3) 느낌을 외워라.

특정 개념은 핵심 특징만 암기하면 추정이 가능하다. 핵심 특징을 떠올릴 정도로 암기하고 그것을 바탕으로 유추하여 문제를 풀어보자. 핵심적인 특징만 암기해도 나머지를 상식선에서 유추하면 의외로 쉽게 문제의 해답에 접근할 수 있다.

예를 들어보자. 집단사고란 집단의 응집성과 조직 내 사회적 압력으로 건전한 비판이 통용되지 못하는 현상을 의미한다. 이 개념을 암기하려면 시간이 오래 걸린다. 이럴 때는 느낌을 외워라. 즉 집단사고는 긍정적인 의미보다 부정적인 의미가 강하다는 것만 암기한다.

재니스(Janis)의 집단사고(groupthink)의 특성에 해당하지 않는 것은? (2023 국가직 9급 행정학)
① 토론을 바탕으로 한 집단지성의 활용
② 침묵을 합의로 간주하는 만장일치의 환상
③ 집단적 합의에 대한 이의 제기에 대한 자기 검열

④ 집단에 대한 과대평가로 집단이 실패할 리 없다는 환상

답: ①

위 문제를 보면, 토론을 바탕으로 한 집단지성의 활용은 아무리 보아도 긍정적인 느낌이다. 그렇지 않은가? 토론을 활용해서 더 좋은 결과를 얻는 과정이니 긍정적이다. 하지만 집단사고는 부정적 개념으로 기억하고 있기 때문에 집단사고의 특성에 해당하지 않는 것이다.

암기 속도 증가에 방해가 되는 요인들

암기 속도 증가에 방해가 되는 요인도 알아보자.

(1) 완벽주의

처음 읽을 때부터 완벽하게 이해하고 암기하는 것은 불가능하다. 하지만 우리는 보통 천천히 꼼꼼하게 읽으면 제대로 이해하고 기억할 수 있을 거라고 착각하며 공부를 한다. 그리

고 외워지지 않으면 자신의 머리 탓을 한다.

특히 교과서를 읽을 때 모든 내용을 완벽하게 숙지해야 시험을 잘 볼 수 있다는 생각에 꼼꼼하게 읽고 완벽하게 암기하려고 한다. 읽었던 부분이 이해가 잘 안 되면 몇 번이고 다시 읽어서 그 내용을 이해한 후 다음 단락으로 넘어간다. 그리고 기대한다.

'이렇게 열심히 했으니 다 외웠을 거야.'

그러나 꼼꼼하게 읽는다고 해서 모두 외우지는 못한다. 하루를 끝낸 늦은 밤에 오늘 무엇을 했는지 정리해본다고 생각해보자. '오전 8시에 일어나서 8시 10분에 양치를 하고 8시 20분에 머리를 감고 8시 25분에 카카오톡에 온 새로운 메시지를 확인하고…'와 같이 5분, 10분 단위로 기억할 수 있는 사람도 없고, 분 단위로 하루를 정리하지도 않는다.

암기도 마찬가지다. 책에 있는 모든 문구를 외우겠다고 생각하는 것은 하루에 있었던 모든 일을 분 단위로 기억하겠다는 것과 같다. 그렇게 암기할 필요도 없고, 암기할 수도 없다. 불안한 마음에 모든 내용을 기억해야 한다고 생각해서 열심히 공부하는 수험생일수록 자꾸 완벽주의로 흐르는 경향이 있다.

하지만 '가장 효율적인 복습의 주기'에서 언급한 바와 같이 간격을 두지 않고 반복해서 읽는 것은 암기에 큰 도움이 되지 않는다. 완벽하게 암기하겠다고 한 번 볼 때 여러 번 읽는 건 암기 효과 측면에서 비효율적이다. 현실적으로 모든 내용을 암기하는 것도 불가능하다. 이는 한마디로 수험생에게는 별 의미 없는 방식이다.

따라서 완벽주의에 대한 제약조건을 정해두고 공부를 하는 게 좋다. 만약 세 번 이상 읽었는데 머리에 의미가 잘 들어오지 않는다면 일단 그 문장은 넘겨야 한다. 단락별로 시간 제한을 정해두고 '그 시간까지 다 암기하지 못했으면 일단 그 페이지는 넘긴다'는 마음가짐으로 암기를 하는 것이 장기적으로 효율적이다.

(2) 찝찝함

'지금 당장 모든 것을 암기하고 싶다!' 이런 마음 때문에 암기되지 않은 부분을 시간을 많이 들여 반복해서 보게 된다. 하지만 문장을 반복해서 읽을수록 진도가 밀려 다른 과목 또는 다른 파트는 소홀해지는 미궁에 빠질 수 있다. 암기는 한 번에 되는 것이 아니라 여러 번 반복하는 과정에서 이루어진다는 사실을 명심하라.

오히려 이 찝찝한 감정을 이용해 자주 보는 습관을 만드는 것이 좋다. 아무래도 찝찝한 감정이 남아 있으면 부족하다는 생각에 다시 보게 된다. 다 외웠다고 생각해서 책을 완전히 덮어버리는 것보다 낫다.

(3) 남보다 더 잘하고 싶은 마음

시험을 앞두고 다른 사람보다 잘해야 한다는 압박감에 '제대로 이해하지 못한 나 자신' '공부한 내용을 잘 모르는 나 자신'과 마주하고 싶지 않다. 그래서 더 완벽한 암기에 집중하게 된다. 여기서 문제는 너무 지엽적인 내용, 즉 시험에 자주 출제되지 않는 내용까지도 다 암기하려고 덤빈다는 것이다.

효율적으로 시험에 합격하려면 자주 출제되는 내용, 합격할 실력을 갖춘 사람이라면 대부분의 경쟁자가 맞히는 내용을 암기하는 것이 중요하다. 시험에 자주 나오지 않는 내용, 아는 사람이 적은 내용을 암기하는 것은 시간 대비 효율이 떨어진다. 전자를 기초 지식, 후자를 주변 지식이라고 한다면, 기초 지식을 철저하게 마스터하는 것이 시간 대비 효율적인 암기다.

하지만 우리는 남보다 더 잘하고 싶은 마음에 자꾸 다른 사람이 잘 모르는 내용을 암기하려고 한다. 그리고 내가 경쟁자보다 많은 내용을 암기하고 있다고 생각하며 우월감에 빠지게 되는데, 다른 사람이 잘 모르는 내용은 출제 확률이 낮아서 알고 있다고 해도 '시험에서 점수로 이어지는 지식'이 될지는 미지수다. 즉 암기량 대비 시험 점수를 높이는 데는 큰 도움이 되지 않는 것이다.

남보다 더 잘하고 싶다면, 기초 지식을 완벽히 숙지하고, 기초 지식 파트에서 시험에 출제되었을 때 단 하나도 틀리지 않도록 연습해둔 후, (시간이 남는다면) 주변 지식 암기로 확장해나가는 방식을 추천한다.

그루핑
구분하고 묶으면 쉬워진다

우리의 뇌는 근본적으로 그루핑을 하는 구조를 가지고 있다. 정리가 되어야 잘 기억할 수 있기 때문이다. 컴퓨터에 폴더를 만들어 파일을 분류해두는 것도 같은 원리다. 어떤 기준을 만들어 그 기준에 따라 각 파일을 어떤 폴더에 넣을지 본능적으로 결정한다.

국어, 영어, 한국사 등 과목별로 폴더를 분류했으면, 과목별로 보충 자료, 모의고사 해설, 요약 파일 등이 들어갈 것이다. 만약 자료의 성격으로 분류했으면, 보충 자료 폴더 안에 국어,

영어, 한국사 등의 보충 자료를 담아두게 될 것이다. 기준에 따라 다양한 방법이 있다.

과목으로 묶기 vs. 자료의 성격으로 묶기

과목으로 묶은 경우	자료의 성격으로 묶은 경우
국어: 보충 자료, 모의고사 해설, 요약 파일 영어: 보충 자료, 모의고사 해설, 요약 파일 한국사: 보충 자료, 모의고사 해설, 요약 파일	보충 자료: 국어, 영어, 한국사 보충 자료 모의고사 해설: 국어, 영어, 한국사 모의고사 해설 요약 파일: 국어, 영어, 한국사 요약 파일

'어떤 기준'으로
문제를 풀지가 중요하다

시험을 위한 암기도 마찬가지다. '어떤 기준'으로 문제를 풀지가 중요하다. 예를 들어보자.

다음 중 포유류인 것은?
① 비둘기   ② 원숭이
③ 까마귀   ④ 닭

이 문제를 보는 순간, '포유류와 그렇지 않은 것을 구분하는 것이구나'를 직관적으로 파악할 수 있다. 포유류는 강아지와 같은 젖을 먹여 새끼를 키우는 동물을 말한다. 비둘기, 까마귀, 닭은 알을 낳는 조류에 해당하고, 원숭이는 포유류에 해당한다. 이 문제에서 중요한 것은 비둘기, 까마귀, 닭이 조류라는 것보다 포유류가 아니라는 것이 중요하다.

시험 암기를 위한 그루핑은 문제에서 어떤 기준으로 물어보는지를 파악하는 것이 우선이다. 왜냐하면, 앞서 과목별 폴더 나누는 사례와 같이 그루핑의 기준은 다양하기 때문이다. 내가 준비하고 있는 시험에서 주로 물어보는 방식으로 그루핑을 해두면 좋다.

같은 성질의 것을 묶고
차이점과 공통점을 생각하라

특정 기준에 따라 내용을 묶었다면, 다음 2가지에 신경을 써서 암기해야 한다.

① 그룹 간에 어떤 차이가 있는가

② 같은 그룹 안에 들어간 내용 간에는 어떤 공통점이 있는가

너무 당연한 말 같지만, 이 2가지를 명확하게 하지 못해서 암기가 안 되는 경우가 정말 많다. 그룹마다 성격이 어떻게 다른지 명확하게 알아야 머릿속에서 구분선이 지어진다. 그러므로 그루핑을 할 때 차이를 명확하게 부각하는 작업을 먼저 해두어야 한다.

유의어와 반의어처럼 차이가 명확한 경우에는 그룹 간 성격을 구분하기가 쉬운 편이다.

'진짜'라는 뜻이 담긴 영어 단어	'가짜'라는 뜻이 담긴 영어 단어
real, true, genuine, authentic	fake, imitation, forgery, dummy

그러나 내용이 좀 더 복잡해지면 그렇지 않다. 다른 예를 들어보자.

경영학에서 '균형성과표'라는 것이 있다. 이것은 1992년 하버드 대학교의 카플란과 노튼이 그동안의 회사에 대한 성과 평가가 재무적 관점(이익과 손실 등의 수치)에만 치우쳐져 있다는 점을 지적하면서, 여기에 비재무적 관점을 포함할 것을 주장하며 개발되었다. 조직관리에 있어 전통적 '재무적 관점'뿐

만 아니라 '고객의 관점' '내부프로세스 관점' '학습 및 성장의
관점'을 균형 있게 관리하고자 하는 통합적 성과관리 시스템
이다.

시험에서는 4가지 관점이 무엇이고, 이 4가지 관점 안에
어떤 성과(산출)지표가 들어가는지를 물어본다. 즉 다음과 같
은 문제가 나온다.

카플란과 노턴(Kaplan & Norton)의 균형성과표(BSC: Balanced
Score Card)에서 4가지 관점에 따른 성과지표가 잘못 연결된 것
은? (2023 군무원 7급)
① 고객관점: 의사결정과정에 시민참여
② 내부 프로세스 관점: 적법 절차
③ 재무적 관점: 자본수익률
④ 학습과 성장 관점: 학습동아리 수

〈해설〉
① (X) 의사결정과정에 시민참여는 내부 프로세스 관점이다.

답: ①

관점별 성과지표는 다음과 같다.

재무적 관점: 자본 수익률, 매출, 예산 대비 차이
고객 관점: 고객만족도, 정책순응도, 신규 고객의 증감, 민원인의 불만율
내부프로세스 관점: 의사결정에의 시민참여, 공개, 조직 내 커뮤니케이션 구조, 적법적 절차
학습 및 성장의 관점: 학습동아리 수, 내부 제안건수, 공무원의 직무만족도

각 관점이 어떤 성격에 따라 그루핑이 되었는지부터 파악하고, 각 지표의 성격과 연결하는 작업을 해야 그루핑 암기에 성공할 수 있다.

일단 관점에 따른 성격을 파악해보자.

① 기업은 돈을 버는 것이 목적이다

→ 돈을 벌었는지는 기업의 성과를 측정하는 데 중요하다 ➡ **재무적 관점**

② 기업 입장에서 회사의 상품을 쓰는 고객의 후기가 좋아야 오랫동안 팔릴 수 있다

→ 고객의 시각에서 성과평가 해보기 ➡ **고객 관점**

③ 회사 안에서 어떻게 결정되는지가 결국 앞으로의 경쟁력을 좌우한다(민주적으로 이야기를 듣고 결정하는지, 독단적으로 결정하는지에 따라 회사의 경쟁력은 달라짐)

→ 내부 의사결정의 경쟁력 ➡ 내부 프로세스 관점

④ 직원이 공부하고 성장해야 회사도 클 수 있다

→ 직원의 학습과 성장이 성과를 좌우함 ➡ 학습 및 성장 관점

각 관점을 읽어보면 전혀 다른 곳에 초점을 두고 있음을 알 수 있다(돈, 고객만족, 내부 의사결정과정, 직원의 학습). 먼저 그룹 간 성격을 명확히 구분 지어야 머릿속에서 명확하게 구분되어, 문제를 풀 때 헷갈리지 않는다.

각 그룹의 성격을 파악한 후 그 그룹에 들어가는 요소들과 그룹의 성격을 연결해야 한다. 영어 단어 사례를 보자.

① real, true, genuine, authentic은 모두 '진짜, 실제, 진짜'의 의미를 담고 있고,

② fake, imitation, forgery, dummy는 모두 '가짜, 모조품, 허위'라는 의미를 담고 있다.

이제 조금 더 어려운 균형성과표 사례를 살펴보겠다.

① 자본 수익률, 매출, 예산 대비 차이

→ 셋 다 돈과 관련된 것들임 ➡ 재무적 관점과 연결되는 지표들

② 고객만족도, 정책순응도, 신규 고객의 증감, 민원인의 불만율

→ 고객들이 어떻게 평가하는지와 관련된 것들이라는 점에서 공통점 ➡ 고객 관점과 연결되는 지표들

③ 의사결정에의 시민참여, 공개, 조직 내 커뮤니케이션 구조, 적법적 절차

→ 의사결정을 하기 위해 의견을 수렴할 때 필요한 것들임 ➡ 내부 프로세스 관점

④ 학습동아리 수, 내부 제안건수, 공무원의 직무만족도

→ 직원들이 학습하는 데는 학습동아리가 필요하고, 학습하다 보면 조직의 발전을 위한 여러 가지 좋은 의견을 내게 되며(제안), 스스로가 성장하면 직무만족도가 높아짐 ➡ 모두 학습 및 성장으로 묶을 수 있음

한 그룹으로 묶인 내용들이 그 그룹의 성격과 어떻게 유사한지를 파악해두어야 그루핑 암기가 완성된다. 영어 단어 그루핑은 연결이 쉬워도 균형성과표와 같이 내용이 어려워지면 여러 번 생각해보고 반복해야 그루핑이 명확해진다.

참고로 균형성과표와 그 성과지표를 연결하는 문제는 지속적으로 출제되고 있는데, 지속적으로 많이 틀리는 영역이니, 처음부터 바로 눈에 들어오지 않는 것이 당연하다.

만약 이렇게 해도 그룹 내 세부 내용을 암기하기 어렵다면 다른 암기법과 결합할 것을 추천한다[여러 암기법을 합쳐 시너지를 내는 기술(246쪽) 참고].

문제에 적용할 때 늘 기준을 생각해야 한다

그루핑 암기로 열심히 암기해도 시험에서 제대로 답을 못 찾으면 아무런 의미가 없다. 다음 예를 살펴보자.

「국가공무원법」이 명문으로 규정하고 있는 공무원의 의무가 아닌 것은? (2022 국가 7급 인사조직론)

① 공무원은 직무의 내외를 불문하고 그 품위가 손상되는 행위를 하여서는 아니 된다.

② 공무원은 직무를 수행할 때 소속 상관의 직무상 명령에 복종하여야 한다.

③ 공무원은 직무와 관련하여 직접적이든 간접적이든 사례 증여 또는 향응을 주거나 받을 수 없다.

④ 공직자는 사적 이해관계에 영향을 받지 아니하고 직무를 공정하고 청렴하게 수행하여야 한다.

〈해설〉

① (O) 「국가공무원법」 제63조

② (O) 「국가공무원법」 제57조

③ (O) 「국가공무원법」 제61조

④ (X) 「국가공무원법」에서 명문으로 규정하고 있지 않습니다(「공직자의 이해충돌 방지법」 제4조에 규정).

답: ④

이 문제를 모의고사에 출제하면 절반 정도는 답을 찾지 못한다. 왜 그럴까?

이 문제를 그루핑 문제라고 생각조차 못하기 때문이다. 객관식 시험에서 우리는 문제를 보고 각 내용이 옳은지 그른지만을 판단하려고 한다. 대부분의 객관식 시험 문제가 각 선택지가 옳은지 그른지를 묻다 보니, 갑자기 그루핑을 묻는 문제가 나오면 이 문제가 그루핑을 묻는 문제인지 모르고 선택지를 읽다가 답을 못 찾게 되는 것이다.

앞의 문제에서 ④번 보기 '공직자는 사적 이해관계에 영향을 받지 아니하고 직무를 공정하고 청렴하게 수행하여야 한다'를 보면 상식적으로 틀린 부분이 없다. 그런데 이 문제는 국가공무원법에 들어간 내용인지, 아닌지를 묻는 문제였다. ④번 보기는 「국가공무원법」이 아닌 「공직자의 이해충돌 방지법」에 나와 있다.

그루핑 암기를 해도 시험에서 이 문제가 그루핑 문제인지 파악할 수 있어야 득점으로 연결될 수 있다는 점을 명심하자.

순서화
특정 순서에 따라 외워야 할 때

라면을 끓인다고 해보자. 물 양을 잘 조절해서 물부터 끓여야 한다. 그다음 스프를 넣고, 그다음 라면을 넣고 3~4분간 더 끓인다. 마지막에 취향에 따라 달걀이나 파 등을 더 넣을 수도 있다.

이 과정에서 가장 중요한 부분은 바로 첫 번째다. 물의 양을 조절하는 데 실패하면 뭘 넣어도 맛이 없다. 마찬가지로 순서를 암기할 때도 가장 중요한 것은 바로 첫 번째 단추를 잘 끼우는 것이다.

첫 단추 끼우기

시험 문제 중에서는 순서를 암기해야 풀 수 있는 문제들이 있다. 순서를 연결하는 문제에 대비할 때 명심해야 할 것이 있다. '첫 단추를 잘 꿰는 것'이 무엇보다 중요하다는 점이다. 그 다음 중요한 것은 끝 단추다.

시험에 순서를 외워야 하는 문제가 나온다면, 무조건 첫 단추와 끝 단추를 정확하게 기억하자. 이때 어느 정도 논리적으로 '납득'할 수 있다면 기억하는 데 도움이 된다.

예를 들어보자. 아래와 같이 순서를 연결하는 문제는 무조건 첫 단추가 중요하다.

정책평가의 일반적인 절차를 순서대로 바르게 나열한 것은?
(2021 국가 7급 행정학)

> ㄱ. 정책평가 대상 확정
> ㄴ. 평가 결과 제시
> ㄷ. 인과모형 설정
> ㄹ. 자료 수집 및 분석
> ㅁ. 정책목표 확인

① ㄱ→ㅁ→ㄷ→ㄹ→ㄴ

② ㅁ→ㄱ→ㄷ→ㄴ→ㄹ

③ ㅁ→ㄱ→ㄷ→ㄹ→ㄴ

④ ㅁ→ㄷ→ㄱ→ㄹ→ㄴ

답: ③

이런 문제를 풀기 위해서는 처음에 무엇이 오는지를 정확하게 머릿속에 '박아야' 한다. 물 양 조절에 실패하면 라면 끓이기에 실패하니 물 양 조절이 가장 중요하다는 것을 알아야 한다.

마찬가지로 정책평가는 정책목표가 무엇인지 확인하는 것이 첫 번째라는 것을 납득해야 한다. 정책이 제대로 집행되었나 확인(평가)하려면(정책평가의 개념임), 이 정책을 집행해서 무엇을 달성하려고 했는지부터 확인해야 한다.

대학교 반값 등록금 정책을 실시했다고 했을 때의 반값 등록금 정책이 제대로 집행되었나 확인(평가)하기 위해서는 가장 먼저, 정책을 통해 달성하려고 했던 것이 무엇인지(대학생 등록금 인하, 이것이 정책목표임)를 확인해야 하는 것이다.

이렇게 첫 번째 오는 것이 무엇인지 알면, 첫 단추를 명확히 인지하고 암기할 수 있다. 먼저 목표를 선정하고 그다음 평가 대상을 확정하는데, 처음 두 단계까지만 파악이 되어도 이미 4개의 보기 중에 2개를 걸러낼 수 있다.

끝 단추 끼우기

이후에 중요한 것은 끝 단추다. 앞의 문제에서 가장 마지막에 오는 것은 당연히 결과가 나오는 것이다. 그래서 마지막 순서는 'ㄹ. 자료 수집 및 분석'이라기 보다 'ㄴ. 평가 결과 제시'가 와야 한다. 자료 수집한 이후 결과가 나오는 것이 자연스럽다.

이렇게 첫 단추와 끝 단추만 납득할 수 있도록 기억해도 거의 문제의 정답에 근접할 수 있다. 따라서 순서를 암기할 때는 모두 암기하기보다 처음 한두 개와 마지막에 올 것을 논리적으로 이해하면 암기의 부담을 줄이면서 답을 찾을 수 있다. 순서를 연결하는 문제는 이 수준에서 대부분 해결된다.

사건들을 시대순으로 나열하는 경우에는 바로 앞뒤만 잘 기억하면 된다. 라면의 예로 돌아가서, 물이 끓었을 때를 알아야 스프를 넣는 타이밍을 잡을 수 있듯이, 특정 사건이 어디에 들어가는지를 알려면 앞이나 뒤에 어떤 일이 있었는지를 기억하는 것이 좋다.

밑줄 친 합의가 이루어진 시기를 연표에서 옳게 고른 것은?
(2023 수능 한국사)

○○뉴스
남북 정상 회담 해외 반응
세계 각국 언론들은 남북 정상 회담을 일제히 긴급 뉴스로 내보내며 15일 역사적인 합의가 이루어졌다고 보도했다.

남북 정상이 획기적인 결과를 만들었다.
미국) □□□뉴스

분단 후 첫 정상 회담에서 생긴 화해와 협력의 기운을 양 정상이 앞으로 유지 · 확대하는 것이 …… 장래의 통일까지 전망하는 신시대를 맞이할 것이다.
일본) ◇◇◇◇뉴스

김 대통령과 김 국방 위원장이 역사적인 합의서에 서명했다.
중국) △△뉴스

	(가)	(나)	(다)	(라)	(마)
남북 협상	6·25 전쟁 발발	5·16 군사정변	7·4 남북 공동 성명 발표	남북한 유엔 동시 가입	10·4 남북 공동 선언 채택

① (가)　　② (나)　　③ (다)　　④ (라)　　⑤ (마)

위 문제를 풀려면 일단 밑줄 친 합의가 무엇인지 알아야한다.

'(중국) △△뉴스'에서 '김 대통령과 김 국방 위원장이 역사적인 합의서에 서명했다'에서 김대중 대통령임을 알 수 있다. 또 남북한 유엔 동시 가입이 90년대 초(1991년)이므로 김대중 대통령의 임기(1998~2003년)를 고려할 때 (마)가 답이 될 수밖에 없다.

남북협상, 6·25전쟁, 10·4 남북 공동 선언 채택 등의 사건에 대한 정확한 시기를 몰라도, '남북한 유엔 동시 가입'이 '제1차 남북 정상회담과 6·15 남북 공동 선언 발표' 앞에 온다는 사실만 알아도 문제를 풀 수 있다. 즉 순서를 매기는 문제의 암기량을 줄이려면 정확하게 기억해야 할 '단추'를 알아야 한다.

문제별
객관식 시험에 최적화된 암기법

    수험생들이 공부하면서 가장 많이 하는 질문 1위는 바로 "이거는 자주 안 나오니까 빼고 공부해도 되나요?"다.

    그렇게 질문하는 마음이 이해는 된다. 시험이 누적되면서 점점 공부해야 하는 범위가 늘어났기 때문이다. 예를 들어 2000년 초반에만 해도 5급 공채(행정고시) 1차 시험을 준비하는 경우 과목당 1,500~2,000문제 정도 풀어보면 된다고 알려져 있었다. 2020년 초반 기준으로 9급 공무원 시험에서 과목당 1,500~2,000문제 정도를 푼다. 즉 예전 고시 1차급으로 많은 문제를 연습하고 있다는 의미다.

이는 비단 공무원 시험만의 문제는 아니다. 공인중개사 시험도 과장을 조금 보태 예전 사법시험 민법과 난도가 비슷하다고 말하는 사람도 있으니, 해마다 실시되는 시험이 계속되면서 기출문제가 쌓이고, 출제되는 범위가 늘어나다 보니 점점 공부할 양도 많아진다. 이제는 너무 양이 늘어나 부담스러울 정도가 되어버려서 수험생 입장에서는 잘 나오지 않는 내용은 아예 제쳐두고 공부하게 된 것이다.

시험 문제가 어려운 것보다 중요한 건 경쟁자의 실력

예전 행정고시 시험에서 있었던 일이다. 행정고시 시험은 한 과목이 40점 미만이 되면 무조건 탈락하게 되는데(과락), 한 과목이 너무 어렵게 출제되어 대부분 과락 점수를 받아 당초 예정된 인원도 뽑지 못하게 되었다. 예정된 인원은 뽑아야 하니 어쩔 수 없이 일률적으로 점수를 높여줘서, 과락자 수를 줄여서 합격자를 뽑았다고 한다.

시험 문제가 어려운 것보다 중요한 건 경쟁자의 실력이다. 예를 들어 4지선다 객관식 시험에서 정답률 80% 정도 되는 문제를 내가 틀렸다고 생각해보자. 정답률이 80%라는 건 시험 삼아 시험 보러 온 사람을 제외하고는 모두 정답을 맞혔다는 의미다. 내가 틀렸다는 의미는 한 문제만큼 내가 합격자들에 비해 뒤처지고 있다고 생각하면 된다.

반면 정답률 10% 미만의 문제를 내가 틀렸다고 생각해보자. 정답률이 10%라는 것은 대부분의 경쟁자가 다른 것을 정답으로 착각해서 틀렸다는 의미다(4지선다 시험에서 그냥 찍어도 맞힐 확률은 평균 25%다). 이런 문제를 내가 틀렸다고 해서 경쟁자들에 비해 최소한 뒤처지지는 않는다.

다들 어려워하는 문제였다는 것은 거의 10~20년 만에 한 번 정도 나오는 지엽적인 주제였거나, 지금까지 한 번도 들어보지 못했던 문제였다는 뜻이다. 이런 문제를 틀리는 것은 사실 당락에 큰 영향을 주지 않아 타격감이 없다.

따라서 합격할 만큼 공부한 사람들이 틀리지 않을 문제는 다 맞혀야 하는 것이 합격의 기본 조건이다. 암기도 이 부분을 중점적으로 해야 한다. 합격할 만큼 공부를 한 사람들이 틀리지 않을 정도의 문제란 정답률이 40% 이상 되는 문제로 판단한다. 즉 정답률이 40% 이상인 문제는 거의 틀리지 않을 정도로 암기해야 하는 것이다.

문제 난이도별 암기 범위

정답률에 따른 난이도는 대략 다음과 같다.

구분	정답률	문제의 난이도	암기의 깊이와 범위
①영역	80% 이상	상당히 쉬운 편	내용을 한두 번이라도 본 사람이라면 다 문제를 풀 수 있는 수준
②영역	60~80%	다소 쉬운 편	중요하다고 하는 내용을 암기했다면 풀 수 있는 수준
③영역	40~60%	보통(다소 어려운 지문 섞임)	수험생들이 봐야 하는 내용을 꼼꼼하게 암기했으면 풀 수 있는 수준
④영역	10~40%	어려운 수준	소위 잘 안 나오는 내용까지 암기해야 풀 수 있는 수준
⑤영역	10% 미만	극악의 난도	사실상 예측이 불가능한 수준, 거의 나온 적이 없는 문제, 무엇을 묻는지도 파악하기 어려운 문제

암기의 깊이와 범위를 정할 때 시험 문제의 정답률을 활용할 수 있다. 일단 시험 합격에 필요한 암기 범위는 ①~③이라고 보면 된다. 경쟁률이 높은 시험이라면 ④까지 암기 범위를 확장할 것을 추천한다.

①~③까지의 암기 범위가 적당한 경우:

공인중개사와 같은 절대평가 시험, 경쟁률이 최근 높아지지 않은 시험, 최근 합격 수기를 보았을 때 아주 지엽적인 것까지 보지는 않았다는 후기가 많은 시험 등

④까지 암기 범위를 확장해야 하는 경우:

최근 뽑는 인원이 줄었거나 응시자가 급증한 경우, 최근 경쟁률이 높아지지 않았다고 해도 오랫동안 공부한 수험생(소위 '고인물')이 많은 시험, 전문직 시험이라 공부 내공이 센 학생들이 많이 보는 시험 등

공무원 시험을 기준으로 본다면, 9급 공무원 시험을 준비하는 경우에는 ①~③까지의 암기 범위가 적당하고, 7급과 5급 공무원 시험은 ④까지 암기 범위를 확장해야 하는 경우에 해당한다고 볼 수 있다.

자격증 시험을 기준으로 보면, 공인중개사, 노무사, 행정사, 주택관리사 시험의 경우는 ①~③까지의 암기 범위가 적당하고, 공인회계사, 감정평가사 시험의 경우는 ④까지 암기 범위를 확장해야 하는 경우에 해당한다고 볼 수 있다. 컴퓨터 활용능력이나 워드프로세서 시험과 같이 크게 탈락시키지 않고,

공부하는 데 큰 부담이 없는 자격증 시험은 ①~②까지의 암기 범위로도 충분하다.

그물망 암기 방법

암기 범위를 확정했다면, 이제 이 범위의 암기를 어떻게 정복해나갈 것인가가 중요하다. 여기서 처음 언급했던 학생들의 질문, "이건 자주 안 나오니까 빼고 공부해도 되나요?"에 대한 답을 하겠다. 앞의 난이도 표에서 ⑤가 아니라면, 되도록 한 번이라도 보고 가는 것이 좋다.

실제 상담 사례다. 공무원 시험에서 거의 출제되지 않는 ④ 영역의 문제가 출제되었다. A라는 수험생은 ④의 범위에 있는 내용도 빠뜨리지 않고 '지나가듯이' 다른 것을 암기할 때 살짝 살짝 보았다고 한다. 그래서 문제를 보았을 때 얼핏 본 기억이 나서 그 생각대로 문제를 풀었다고 한다. 만약 그 문제와 관련된 내용을 아예 보지 않았다면 어떤 일을 경험하게 되었을까?

일단 시험장에서 내가 모르는 내용이 나오면 수험생들의 일반적인 의식 흐름은 이렇다.

'아! 처음 보는 건데, 이거 어떻게 풀지' → '(지문을 읽어본 후) 이런 것도 공부해야 하는 건가? 다른 사람들은 혹시 공부했나?' → '나만 모르고 틀리면 어쩌지?'

이런 식으로 생각하게 된다. 그래서 오랫동안 시험장에서 문제를 읽어보며 고민하지만, 공부하지 않은 내용이기에 시간만 보낼 뿐 답을 도출하기 어렵다. 시간을 많이 써서 다른 시험 문제를 푸는 시간만 부족해진다.

빠뜨리지 않고 암기하면, 최소한 '나만 몰라서 틀리면 어쩌지?'라는 생각은 하지 않게 된다. 오히려 '내가 이만큼 외웠는데, 내가 모른다면 다른 사람도 모를 거야' 하는 마음으로 문제를 풀 수 있게 된다. 그러면 그 문제의 답을 찾는가 아닌가와 무관하게 내 실력을 발휘할 수 있게 된다.

실제로 이런 문제들은 정답률이 낮다 보니 합격할 만한 실력을 가진 경쟁자들도 틀리는 경우가 많아 당락에 큰 영향을 주지 않는 경우가 많다. 중요한 것은, 이 정도 경지가 되면 다른 문제를 풀 때도 흔들리지 않는다는 것이다.

A 수험생의 사례로 돌아가보자. 이 수험생은 ④영역에서 출제된 어려운 문제를 얼핏 본 기억으로 풀었으나 결국 틀렸다고 한다. 그런데 다른 문제는 다 잘 풀어서 높은 점수를 받

았다(100점 만점에 95점). 결국 그 문제에서 심리적으로 흔들리지 않았던 것이 고득점, 합격 점수로 이어진 것이다. 이런 측면에서 빠뜨리지 않고 암기해두는 것이 필요하다.

물고기를 잡기 위해 바다에 그물망을 던지는 모습을 상상해보자. 만약 그물망이 촘촘하지 않다면 물고기가 다 빠져나가 그물을 던진 의미가 없다. 그래서 그물망은 다들 촘촘하게 만든다. 그물망 암기법도 촘촘하게 체크할 수 있도록 암기하는 방법을 의미한다.

정답률에 따라 구분한 표에서 영역별로 다른 암기법을 적용하되 ⑤영역을 제외한 나머지는 다 챙겨갈 수 있도록 그물망을 짠다.

①영역: 자연스럽게 공부하면서 암기가 되는 영역이니 자주 보면 됨

②~③영역: 여러 암기법을 집중적으로 활용해서 정확하게 암기해야 하는 영역, 회독수를 늘리고, 암기가 되지 않으면 다양한 방법으로 반드시 암기할 수 있도록 해야 함

④영역: 여력이 되면 ②~③영역처럼 공부하는 것을 추천하지만, '눈으로 바르는 방법'으로 암기하면 적당한 영역

⑤영역: 버려도 되는 영역, 사실 어떤 것이 나올지 알 수 없어 노력을 투여해도 가성비가 높지 않은 영역임

영역별 완급을 조절해서, 가급적 많은 내용을 암기해서 시험장에 가져갈 수 있도록 하는 것이 그물망 암기법이다. ④영역에서 눈에 바르는 방법이 나오는데, 눈으로 바르는 방법은 뒤에서 설명하겠다[암기가 생활이 될 수 있도록!(224쪽) 참고].

두문자

앞 글자를 외운다고
두문자 암기가 아니다

내가 처음 행정고시라는 걸 알게 된 것은 친한 대학 친구가
행정고시를 준비한 것이 계기였다.

그 친구가 행정고시 공부를 할 때 신림동에서 만나 밥을 먹
기로 했다. 한국사 수업이 끝나고 저녁을 먹기로 했는데 수업
이 늦어지는 바람에 나는 강의실 앞에서 친구를 기다렸다. 그
때 본의 아니게 30분 정도 수업을 들을 수 있었는데, 강사는
30분 내내 '두문자'만 따고 있었다.

강사는 "이건 요렇게 요렇게 두문자 따서 외우시고, 저건
요렇게 외우시고…"를 반복하고 있었다. 조선왕 순서를 '태정

태세문단세'로 외우듯 두문자를 수십 개 만드는 걸 들으면서 '저걸 다 어떻게 외운단 말이지?' 하는 생각이 들었다. 두문자를 외우기 위해 다시 두문자를 만들어야 할 판이었다.

두문자 암기란 말 그대로 외워야 할 단어들 중 앞 글자를 따서 외우는 것이다. 시험 공부를 할 때 많이 사용하는 방법인데, 추천하는 사람이 있는가 하면 말리는 사람도 있다.

이 방법을 추천하지 않는 이유는 바로 앞의 사례와 같은 일이 발생하는 경우가 많기 때문이다. 두문자만 기억하고 다른 것은 기억하지 못하면 실제 시험에서 문제를 푸는 데 큰 도움이 되지 않는다.

하지만 실제로 여러 시험을 준비해보면 수험생들이 가장 많이 사용하는 방법이 '두문자 암기법'이다. '두문자 암기집'을 낼 정도로 많이 활용하는 강사들도 있다. 어떤 수험생들은 강사를 선택할 때 '두문자를 정리해주는지' 여부를 확인하기도 한다. 그만큼 많은 사람이 두문자 암기법을 사용하는 이유는 활용하기 간편하기 때문이 아닐까 싶다.

효과적으로 두문자를 따는 방법

일단 두문자를 따는 방법은 간단하다. 단어들의 앞 글자를 따서 외우면 끝이다. 앞 글자로 내용을 식별하기 어려운 경우에는 중간 글자를 따기도 한다. 중요한 것은 한 글자로 전체 단어가 기억날 수 있고, 그 단어의 특징을 잘 잡아낼 수 있는 글자여야 한다는 것이다.

(1) 단어의 특징을 드러내는 글자를 딴다.

예를 들어보자. 정부실패(시장실패에 대응하는 개념으로, 정부 관료제의 특성으로 인해 조직의 생산성이 낮고 자원 배분의 효율성을 달성하지 못하는 현상을 의미)의 원인으로 ① 내부성(사적 목표의 설정), ② 비용과 수익의 분리, ③ X-비효율성, ④ 파생적 외부효과, ⑤ 권력의 편재, 이 5가지를 꼽는다(자세한 내용은 몰라도 된다).

정부실패의 원인을 두문자로 만들면 '내분X파편'이 된다. 내부성의 '내', 비용과 수익의 분리의 '분', X-비효율성의 'X', 파생적 외부효과의 '파', 권력의 편재의 '편'을 따보자.

일반적으로 앞 글자를 따기도 하지만, 그 단어의 특징을 잡을 수 있는 단어를 딴다. 만약 '비용과 수익의 분리'에서도 '비',

'X-비효율성'에서도 '비'를 두문자로 따면 '내비비파편'이 되어 두 단어가 구분되지 않고 '비'라는 한 글자로 전체 단어가 떠오르지도 않을 것이다.

(2) 스토리를 붙이자.

재미있는 스토리를 만들 수 있으면 더욱 좋다. 엉뚱함은 머릿속에 내용을 각인하는 데 도움이 된다. 예를 들어 회계학에서 '차변'과 '대변'이라는 용어가 나오는데, 차변은 왼쪽이고, 대변은 오른쪽을 의미한다. '차변 왼쪽, 대변 오른쪽'을 암기하기 위해 두문자를 만들면 '차왼대오'가 된다.

이때 '차왼대오'로 암기할 수도 있지만, '이거 뭐죠? 참왼데요?'라고 기억하는 것이 훨씬 기억이 잘 난다. '참왼'으로 차변이 왼쪽이라는 것만 떠올릴 수 있으면, 대변은 자연히 오른쪽임을 알게 되기 때문이다.

이처럼 같은 두문자를 따더라도 입에 잘 달라붙는 말과 기억이 나는 스토리를 만들어보자.

(3) 운율을 넣을 수 있으면 더욱 좋다.

지방교부세의 종류로 보통교부세, 특별교부세, 부동산교부세, 소방안전교부세가 있다. 이것을 두문자로 만들면 '보특부소'가 된다. 그냥 '보특부소'로 외우기 보다 사투리를 첨가하여 '이보소~ 보특보소~'라고 음을 넣으면 훨씬 암기하기가 편해진다.

두문자 암기법 주의사항

하지만 두문자를 사용할 때 실제 점수로 이어지려면 주의해야 할 사항이 있는데 다음 3가지에 유의해서 학습해야 한다.

(1) 이해가 바탕이 되어야 한다.

처음 공부하는 내용에 대해 두문자를 만드는 것은 바람직하지 않다. 처음에는 개념 이해가 선행되어야 한다. 왜냐하면 두문자의 자세한 의미를 묻는 경우도 많기 때문이다.

앞의 사례에서 정부실패의 원인을 '내분X파편'으로만 암기했다면, 다음과 같은 문제는 풀 수 없다. 시험에서 반드시 두문자 용어만을 묻는 것은 아니기 때문이다.

내용을 줄이고 싶어서 처음부터 두문자만 외우고 지나간다면, 돌아와서 처음부터 다시 공부해야 하는 사태가 발생한다.

다음 상황을 설명하는 데 가장 적합한 용어는?

(2020 지방 7급 행정학)

> 정부는 특정 지역의 주택가격이 과도하게 상승하자 이를 해결하기 위해 투기과열지구로 지정하였다. 그러나 투기과열지구로 지정된 이후 주택가격은 오히려 급등하였다. 이는 주택수요자들이 정부의 의도와 달리 투기과열지구의 지정으로 인해 그 지역의 주택가격이 더 오를 것이라고 예상하였기 때문이었다.

① X-비효율성
② 공공조직의 내부성
③ 비경합성
④ 파생적 외부효과

답: ④

(2) 변형되는 글자를 두문자 옆에 적어두어야 한다.

반드시 두문자로 외운 단어로만 표현되는 것은 아니다. 앞의 사례에서 '내분X파편'으로 암기했으나, 비용과 수익의 '분리'는 비용과 수익의 '괴리'라는 표현으로도 자주 출제된다.

다음 중 정부 실패의 원인으로 옳지 않은 것은?

(2018 국회 8급 행정학)

① 권력으로 인한 분배적 불공정성

② 정부 조직의 내부성

③ 파생적 외부효과

④ 점증적 정책 결정의 불확실성

⑤ 비용과 편익의 괴리

답: ⑤

두문자 옆에 자주 변형되는 표현을 적어두고 함께 암기하는 것이 좋다.

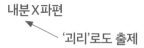

내분X파편

'괴리'로도 출제

(3) 진짜 안 외워지는 것을 중심으로 활용하자!

두문자를 많이 쓰면 나중에 두문자의 세부 내용들이 전혀 기억나지 않게 되는 문제점이 있다. 그래서 너무 많이 쓰는 것이 지양하는 게 좋다.

나의 경우에는 처음부터 두문자를 만들지 않고, 시험 한두 달 전에 정말 외워지지 않는 내용을 중심으로 두문자를 만들었다.

결론적으로 두문자는 '기억의 방아쇠'로서의 역할이 끝이다. 조선왕 순서를 외워야 할 때 '태정태세문단세'를 먼저 떠올리면 '태조-정종-태종-세종-문종-단종-세조'를 기억해낼 수 있다. 그러나 태조 이성계가 왕이 되었던 시기(1392~1398년), 업적 등은 두문자로 기억할 수 없다.

시험장에서 기억이 안 날 때 먼저 두문자를 떠올려서, 관련 내용들이 연달아 기억날 수 있으면, 그걸로 족하다.

5장

시험 직전 솔루션

점수를 바짝 끌어올리는 한 달 전략

시험 한 달 전,
점수를 끌어올릴 암기 전략

    암기에 있어서, 결국 시험 막판이 중요하다. 시험 당일 현장에서 내가 얼마나 암기하고 있느냐가 당락을 좌우하기 때문이다.

    시험 공부라는 것이 결국 기억이 나야 답을 낼 수 있는 것이기에 막판으로 갈수록 내용을 이해하는 것보다 암기하는 것이 더 중요하다. 이 점을 명심하고 시험 한 달 전 암기 전략을 세워야 한다.

막판 점수를 뒤집는 암기 전략 3가지

시험 공부의 최종 목표는 시험문제를 잘 푸는 것이다. 그러기 위해 필요한 암기 전략의 원칙은 다음 3가지다.

① 직전에 최대한 많은 내용 기억하기
② 암기가 약한 파트를 보완하기
③ 명확하게 암기해서 시험장에서 헷갈리는 일 없도록 하기

3가지 원칙에 대해 더 자세히 알아보자.

최대한 때려 박아라

시험 한 달 전에는 '이해보다는 암기'다. 냉정하게 말해서 시험 한 달 전까지 이해하지 못한 내용들은 시험 날까지 이해가 될 것이라는 보장이 없다. 그래서 전략적으로 암기하는 게 유리하다.

예를 들어 공무원, 자격증 시험 과목들은 대부분 대학에서 배우는 전문적인 내용이다. 행정학, 경제학의 경우 대학교

1~4학년 동안 배우는 내용을 모두 물어보는데, 여러 시험 과목을 1~2년이라는 짧은 시간 안에 내용 하나하나 모두 이해한다는 것은 현실적으로 어렵다고 보면 된다. 현실적인 제약 조건은 받아들여야 한다.

시험 공부 초반에는 어느 정도 개념 이해를 위해 시간을 투자할 필요가 있다. 하지만 시험 직전에 더 이상 이해해보려는 노력은 하지 마라. 시험 1개월 전까지 이해가 안 되었다면 그 자체로 외우는 것이 효율적이다. 이해해보겠다고 도서관에서 자료를 찾아보고 여기저기 물어본다면 정말 소중한 시간을 낭비하는 것이 된다.

그보다는 더 많은 양을 암기하려는 노력이 필요하다. 어떻게 많은 양을 빨리 머릿속에 넣을지를 고민해야 한다.

암기의 강약

몇 달 공부를 하면, 잘하는 과목과 약한 과목, 한 과목 안에서도 자신 있는 파트와 계속 틀리는 파트가 나뉘게 된다. 막판일수록 약한 파트를 잘 보완해야 한다. 나는 1년 내내 학생들에게 연습문제를 무료로 제공하고, 문제 푼 내역을 네이버 카페에 인증하도록 하고 있다. 여러 해 동안 학생들이 틀리는 문제를 살펴보면, 다음과 같은 특징이 있다.

① 많은 사람이 똑같이 틀리는 문제가 있다.
② 한 사람이 예전에 틀렸던 문제를 또 틀리는 경향이 있다.
③ 처음에 잘 암기하지 못한 내용은 이후에도 암기하지 못해 또 틀리게 되는 경향이 있다.

간단하게 말하면 공부하는 사람들 대부분 약한 부분이 유사하고, 약한 부분에는 계속 약한 경향이 있다는 것이다.

고득점으로 가려면 바로 이 부분을 보완해야 한다. 그런데 이 부분을 제대로 보완하지 못하는 가장 큰 이유는 일반적으로 약한 파트는 어렵거나, 복잡하거나, 잘 안 외워지는 내용이 많기 때문이다. 그래서 자주 보지 않으니까 계속 못 외운다. 쓴 한약이 몸에 좋듯, 공부하기 쓰디쓴 내용이 합격 길을 열어준다는 사실을 명심하자.

내가 시험장에 갔을 때 가장 많이 했던 경험이 있다. 정말 제대로 외웠다고 생각했던 내용도 막상 시험장에서 문제를 만나면 '내가 제대로 기억하고 있나?' 하는 의심병이 도지는 것이다. 그 의심병은 수험생이라면 가지는 불안함에서 비롯된 것이다.

실제 시험장에 가면 문제를 꼭 맞혀야 한다는 생각에 돌다리도 두들겨보고 건너게 된다. 그런데 돌다리를 두들기다가 갑자기 자신감이 떨어지면 내가 잘 알고 있던 것도 헷갈리는 부작용이 발생하기도 한다.

그래서 막판에는 명확하게 암기해서 절대 헷갈리는 일이 없도록 하는 노력이 필요하다. 앞선 예에서 네거티브 규제와 포지티브 규제라는 용어가 있었다. 네거티브 규제란 금지하는 것 이외 모두 가능(원칙 허용, 예외 금지)한 규제를 의미하고, 포지티브 규제란 할 수 있는 것으로 정한 것만 가능(원칙 금지, 예외 허용)한 규제를 의미하는데, 이런 것들은 암기해두어도 막상 시험장에 가면 원칙 허용이 포지티브였는지, 원칙 금지가 포지티브였는지 헷갈리게 된다. 공부할 때는 한 번도 헷갈리지 않았던 것들인데도 헷갈린다.

그래서 더 명확하게 '강약'을 주어 공부해야 한다. 아는 것도 한 번도 확실하게 머릿속에 넣을 수 있는 '돌다리 두들기기' 전략이 필요하다. 시험에 잘 나오는 것 위주로 더 자주 반복하자. 혹시나 하는 마음에 다 보고 싶어지지만 가장 중요한 것은 나올 만한 내용을 확실히 알고 가서 틀리지 않는 것이다.

헷갈리지 않게 암기하기 위해서 가장 필요한 것은 정리를 잘하는 것이다. 시험 보기 한 달 전부터 과목별로 본 기본서, 문제집 등을 훑으며 꼭 기억해야 할 핵심어를 중심으로 정리해보는 작업이 암기에 도움을 준다. 꼭 기억해야 할 공식, 잘 외워지지 않는 부분, 외워야 할 숫자, 개념 등을 간단히 작성하자. 문제집에서는 표시해둔 중요한 보기와 틀렸던 문제를 위주로 정리한다.

최소 세 번이다

반복 횟수는 한 달 동안 과목별로 최소 3번은 반복하는 것을 목표로 한다. 시험 직전 한 달 동안 과목별로 3번 정도 반복하는 것을 원칙으로 하자. 시험 보기 한 달 전부터 3주 동안 한 번, 시험 보기 1주 전부터 시험 전전날까지 한 번, 시험 전날 한 번 보는 것이다. 기간이 줄어들수록 보는 깊이와 자세함은 달라지겠지만, 내용이 익숙해질수록 반복하는 속도도 올라갈 것이다.

최소 3번이다. 공무원 시험 합격 수기를 분석해보면, 고득점한 수험생들이 공통적으로 한 행동은 '꾸준한 반복'이었다.

"일단 저는 모든 과목을 시험 직전에 3회에서 4회독하고 갈 수 있도록 계획부터 세웠습니다."

"기출 몇 회독에 만족하지 말고 그냥 다 외울 때까지 한다는 생각으로 기출은 꾸준하게 회독해준다면 가장 빠른 합격 길이 될 것이라고 생각합니다."

"확실하게 아는 걸 줄이면서 7회독 이상 하면 모든 과목에서 85점 언저리는 간다고 생각합니다."

시험 일주일 전,
초효율 암기량 배분법

우리의 기억력은 얼마나 될까? 아마 몇 달 전에 본 내용은 시험장에서 기억이 잘 나지 않을 것이다. 그렇다면 언제부터 본 내용이라면 시험장에서 기억이 날까?

① 시험 일주일 전에 본 내용: 대부분 본 기억이 난다.

② 시험 3일 전에 본 내용: 상당히 명확하게 기억이 난다.

③ 시험 하루 전에 본 내용: 단순 암기한 사항도 기억이 난다.

④ 시험 당일에 본 내용: 종이를 머리에 스캔한듯 기억이 난다.

이 정도로 생각하고 암기 전략을 짜면 된다. 시험 일주일 전부터 본 것은 시험장에서 대부분 기억이 날 것이다. 그전에 공부한 내용도 기억이 나겠지만, 시험을 볼 때 헷갈리는 내용이나 세세한 암기를 요하는 부분은 완전히 기억하기 어려울 수 있다. 그래서 시험 일주일 전은 '미친 듯이 암기'를 시작하기 좋은 시점이다.

시험 직전 암기 시간 배분

시험 일주일 전 암기량 배분 방법과 관련된 실제 상담 사례다. 공무원 시험을 준비하는 A 학생은 늘 영어가 약했다. 이전 시험에서도 국어, 영어, 한국사, 행정학, 행정법 과목 중 영어가 점수가 낮아서 탈락한 경험이 있었다. 이런 상황에서 A는 시험 일주일의 시간 배분을 아래와 같이 했다.

뭔가 이상한 점이 느껴지는가? 분명히 영어가 약하고, 이전에 영어 점수가 낮아서 좋은 결과를 얻지 못했던 경험이 있는데도, 시험 일주일 전 시간 배분에서 영어가 가장 적었다. 영어라는 과목의 성격상 단어 암기 등 암기가 필요한 부분이 많음에도 시험 직전 공부량을 너무 적게 배정했다.

D-7	D-6	D-5	D-4
행정학 0.5일 한국사 0.5일	행정법	행정법	행정학

D-3	D-2	D-1	
한국사	영어 0.5일 국어 0.5일	행정법	

A는 이 시험에서 다른 과목은 95점을 받았으나 영어에서 65점을 받아 탈락했다. 이 사례를 수업 시간에 말했더니, 다른 수험생도 "사실 저는 국어가 약했는데, 이렇게 시간을 배분했다가 탈락했습니다"라고 말했다.

많은 사람이 오랜 시간 고생해서 공부해놓고, 시험 직전 암기 시간 배분을 잘못해서 시험을 망치고 만다. 그만큼 마지막 암기 시간의 배분은 중요하다.

이런 실수를 하는 이유는 약한 과목은 공부하기 싫어서 심리적으로 공부 시간을 줄이는 경향 때문이다. 이런 마음을 이겨내야 한다.

암기 편식을 이겨내는 3가지 방법

시험에 합격하려면 전 과목을 잘 봐야 한다. 예를 들어 다섯 과목을 보는 경우 네 과목을 100점 받아도 한 과목이 10점이라면 합격하기는 어렵다. 전 과목에서 균형 있게 점수를 받을 수 있어야 한다. 그러기 위해서는 편식하지 않는 자세가 필요하다.

암기 편식을 이겨내기 위해서 다음 3가지 방법을 추천한다.

(1) 일단 일어나자마자 하기 싫은 것부터 공부하라.

아마 조금 하다가 또 오후로 미루게 될 것이다. 그러면 다시 조금 더 오후에 공부하라. 그렇게 하기 싫은 공부일수록 잘게 나누어 공부하면 그나마 진도를 나갈 수 있다.

(2) 목표를 작게 정해서 짧은 주기로 공부할 것을 추천한다.

'25분 공부 + 5분 휴식' 정도로 학습하라. 작은 목표를 정해 여기까지라도 해보겠다는 마음으로 공부하자.

이를 '포모도로 기법'이라고 한다. 포모도로 기법은 25분간 일한 후 5분간 휴식하는 것이 작업에 최적이라는 생각을 바탕으로 1980년대 후반 프란체스코 시릴로가 개발한 생산성 향상 기법이다.

포모도로 기법이 학습에 효과가 있는 이유는 초두 효과와 최신 효과 덕분이다. 초반과 후반에 집중이 잘되고, 중간 시간은 읽은 내용을 소화하거나 생각할 틈이 없어 학습의 사각지대가 된다고 한다. 중간 시간을 줄이는 방법이 포모도로 기법인 것이다. 실제 25분 텀으로 공부해보면 조금 더 효율적임을 느낄 수 있을 것이다.

(3) 반드시 기억해야 하는 단어 위주로 반복하자.

다시 말해, 하기 싫은 것은 가급적 줄여서 공부해야 한다. 단어 몇 개만 기억이 나도 의외로 문제를 풀어낼 수 있는 경우가 많으니, 하기 싫은 과목이면 단어 몇 개라도 외우고 가겠다는 마음으로 공부하는 것이 좋다.

특히 객관식 시험의 경우 시험에 나올 만한 지문, 내가 자주 틀린 지문은 체크해두었다가 이 시점에 한번 다시 보는 것이 좋다. 내가 자주 실수하는 내용은 또 실수할 가능성이 크기 때문이다.

시험 5분 전,
등락을 좌우할 최후의 암기법

"내가 휴대폰 충전기 여분을 어디에다 뒀더라?"

자주 사용하던 휴대폰 충전 케이블이 고장 나서 충전 케이블 여분을 찾으려고 한다. 분명히 지난번에 충전 케이블 두 개를 사서 한 개 여분이 있는데 어디에 있는지 알 수가 없다.

매번 두는 장소를 정해두고 정리를 잘해두었다면 바로 찾을 수 있는 것도, 정리를 제대로 해두지 않으면 필요할 때 찾기가 어렵다.

시험장에서 생각이 나야 암기다

암기도 마찬가지다. 암기는 공부한 내용을 기억이라는 창고에 차곡차곡 쌓아두는 것이다. 공부한 내용이라는 '물질'은 휘발성이 있어서 어딘가에 잘 담아두어야 하고, 찾기 쉽게 잘 정리해두어야 한다. 그래야 어디에 있는지 확인하여 꺼내 쓸 수 있다.

특히 마지막 암기는 '창고에 정리해서 저장하는 과정'이라고 생각하면 된다. 과목의 목차에 맞추어 핵심만을 집어서 암기해야 기억의 창고 안에 많은 내용을 보관할 수 있고, 문제를 보았을 때 찾아서 꺼내 쓸 수 있다. 그러기 위해서는 필요한 내용을 잘 정리해야 한다.

결국 기억했던 것을 필요할 때 꺼내 쓸 수 있어야 하는데, 시험장에서 생각이 나지 않는다면, 아무리 암기해도 다 소용이 없어진다. 결국 암기라는 것은 시험장에서 생각이 나야 의미가 있다.

이런 경험이 있는가? 열심히 외우고 시험장에 갔는데 막상 시험지를 받으니 머릿속이 하얗게 되어서 기억이 나지 않는다. 특히 1번 문제부터 내가 잘 모르는 내용이 나왔다면 더 심각하게 하얘진다.

이런 문제점을 극복하기 위한 아웃풋 전략이 필요하다. 다음은 '시험 직전에 꼭 지켜야 할 3가지 아웃풋 전략'이다.

키워드만 정리하는 암기장

기본서, 요약서, 진도별 문제집 등 기존에 본 책 중에서 자신이 주력해서 본 책을 다시 읽어보며 암기장을 만든다. 암기장과 요약 노트는 다르다. 요약 노트는 기본서를 대신할 수 있을 정도로 그 과목의 내용 전체를 줄여서 적은 것이다.

반면 암기장에는 시험에 필요한 내용 중 외우지 못한 내용, 공식과 같이 확실히 암기해두어야 시험에 활용할 수 있는 내용 및 연도, 숫자, 날짜 등 시험장에서 헷갈릴 때 문제를 풀어낼 수 없는 핵심어만을 간략하게 적어둔다.

암기장에는 큰 단원 정도는 구분해놓되, 그 단락 안의 내용은 순서와 관계없이 간략하게 적는다. 단원 정도로 구분해놓아도 정리하는 데는 문제가 없다. 암기장은 가지고 다니기 편하게 손에 잡힐 정도의 크기(A4 절반 정도)의 노트를 사용한다.

처음 암기장을 만들 때는 위아래 좌우 여백을 많이 두는 것이 좋다. 너무 빡빡하게 적으면 읽을 때 답답하고 눈이 아플 수 있기 때문이다. 또한 나중에 추가로 정리하며 여백에 내용을 추가할 수도 있다.

필기는 간단하게 하는 것이 좋다. 예를 들어 부동산세법 과목이라면 '물납: 재산세', '분할납부: 재산세(250초과, 2개월), 종부세(250, 6개월), 양도세(1천, 2개월)'와 같이 간략히 알아볼 수 있을 정도만 적는다. 물납을 할 수 있는 대상세목은 재산세이고, 분할납부는 재산세, 종합부동산세, 양도소득세 등이 가능한데, 재산세는 250만 원 초과 시 분할납부가 가능하며, 분할납부 기간은 2개월 이내라는 의미다.

처음 보는 사람에게는 이런 필기 내용이 너무 간략해 보일 수 있겠지만, 시험을 보기 직전이라면 이미 과목의 흐름을 알고 있을 것이다. 그래서 이 정도 내용만 시험장에 가지고 가도 객관식 시험문제를 푸는 데는 지장이 없다.

주소 찾기로 백지상태를 극복하자

갑자기 시험장에서 머리가 하얘지면 어떻게 해야 할까? 일단 당황하면 안 된다. 차분해져야 한다. 이럴 때는 당장 모르는 내용을 찾아보기 위해 머릿속을 휘저어서는 안 된다.

비유하자면, 내가 찾는 물건이 보이지 않는다고 해서 온 방을 이리저리 휘젓고 다니면 방만 어지러워질 뿐 물건을 찾기 더 어려워진다. 내가 찾는 물건이 어디에 있는지 기억이 나지 않는다면, 일단 방에서 어디쯤 두었는지부터 범위를 확정하는 것이 중요하다.

기억을 떠올릴 때도 마찬가지다. 일단 지금 문제에서 물어보는 내용이 어디쯤 위치하는지부터 떠올려보자. 먼저 책의 목차부터 본다고 생각하면 된다.

일단 문제에서 물어보는 것이 어느 단원에 있었는지(주소 찾기)를 알면, 관련 내용을 조금 더 쉽게 떠올릴 수 있다. 예를 들어보자.

밑줄 친 '왕'의 재위 기간에 있었던 사실로 옳은 것은?
(2023 수능 한국사)

> 후주 사람인 쌍기는 사신 설문무를 따라 고려에 왔다가 병이 들어 돌아가지 못하고 남았다. 왕이 그의 재능을 아껴 후주에 알린 다음 관료로 발탁하였으며, 얼마 뒤 원보 한림학사로 승

진시켰다. 쌍기는 왕에게 건의하여 과거제를 신설하게 되고, 과거 시험을 담당하였다. 이 뒤에도 과거 시험을 맡아 후학들에게 학업을 권장하니, 학문을 중시하는 기풍이 일어났다.

① 독립문이 건립되었다.
② 별기군이 편성되었다.
③ 경국대전이 반포되었다.
④ 노비안검법이 실시되었다.
⑤ 수선사 결사가 조직되었다.

이와 같은 문제를 읽었는데 머리가 하얘졌다고 생각해보자. 일단 문제에서 '설문무를 따라 고려에 왔다가'를 보니 일단 고려임을 알 수 있다. 이제 고려시대로 주소를 찍으면 된다. 다른 시기는 버리고 생각의 범위를 고려시대로 한정하자. 그러면 조금 더 기억이 잘 날 것이다.

또한 ①번 독립문은 조선 고종 때 독립 협회의 주도로 건립되었고, ②번 별기군은 조선 고종 때 개화 정책의 하나로 편성된 신식 군대다. ③번 경국대전은 조선 세조 때 편찬되기 시작했으므로 고려시대와는 관련이 없다.

고려시대로 범위만 한정해도 ①, ②, ③번 보기는 답이 되기 어렵다.(답 ④번: 밑줄 친 왕은 고려 광종이며, 고려 광종은 본래 양인이었으나 불법으로 노비가 된 자 등을 조사하여 양인으로 신분을 회복해주는 노비안검법을 실시했다.)

일단 어디서 나왔는지만 확정해도 기억은 생각보다 더 잘 나게 될 수 있으니, 머리가 하얘지면 일단 주소부터 찾아보자. 앞서 설명한 구조화(125쪽)가 도움이 될 것이다.

기억의 방아쇠로 세부 내용 떠올리기

주소 찾기만으로는 세부적인 내용까지 기억해내기 어렵다. 세부적인 내용까지 기억하려면 단서를 만들어두는 것이 좋다. 여기서 단서란 기억을 떠올리는 실마리라고 생각하면 되겠다. 이 단서는 생각해내기 쉬운 것으로 정한다. 생각해내기 쉬운 것은 아래와 같은 특징이 있다.

① 내 생활 속에서 쉽게 접할 수 있는 경험
② 글자보다는 연상되는 이미지

객관식 시험이든 주관식 시험이든 시험에서 문제는 주어

진다. 그 문제에 있는 단어를 보고 바로 관련 내용이 연상될 수 있도록 기억의 방아쇠를 만드는 것이다.

예를 들어보자.

넛지(nudge)의 특성으로 옳은 것만을 모두 고르면?
(2022 지방 7급 행정학)

> ㄱ. 넛지 방식으로 정책을 설계하는 것을 선택설계라고 한다.
> ㄴ. 정책대상집단의 행동에 개입하지만 개인의 자유로운 선택을 허용한다.
> ㄷ. 넛지는 디폴트 옵션 설정 방식처럼 사람들의 인지적 편향을 전략적으로 활용하는 정책수단이다.

① ㄱ, ㄴ
② ㄱ, ㄷ
③ ㄴ, ㄷ
④ ㄱ, ㄴ, ㄷ

답: ④

이런 문제를 만났을 때 일단 우리는 '넛지'라는 개념을 떠올릴 수 있어야 한다. 넛지란 상대방이 어떤 것을 하도록 넌지

시 옆구리를 밀어주는 행위를 말한다.

이 표현이 어렵다면, 이런 장면을 떠올려보자. 친구와 길을 걷다가 괜찮은 이성을 보게 된다. 친구에게 "저분 괜찮지 않아? 한번 말 걸어볼까?"라고 하니, 친구도 "말 걸어보자!"라고 했다. 이때 당신은 친구에게 "네가 말 걸어봐"라고 하며 팔꿈치로 친구의 옆구리를 찌른다.

이게 바로 넛지다. 넛지와 이 장면을 연결하면 이후 기억이 잘 떠오른다.

넛지

→ 팔꿈치를 툭 치며 어떤 행동을 하게 한다

→ 행동을 하게 함: 행동경제학과 관련

→ 행동을 하게 하는 것이니 개입하는 것. 하지만 반드시 해야 하는 것은 아니고 선택하는 것: 자유주의적 개입주의, 선택설계

→ 초기에 위치가 어디인가에 따라 행동이 달라짐(괜찮은 이성을 본 상황이 없었다면 행동이 유도되지 않았을 것): 디폴트 옵션 설정 방식 중요

이렇게 기억을 연결할 수 있다. '팔꿈치로 툭 치며 어떤 행동을 하게 한다'는 이미지를 통해 다른 세부 내용을 떠올릴 수

있다.

결국 내가 기억해야 할 내용(특히 잘 안외워지는 것들)과 편하게 떠올릴 수 있는 기억을 연결하는 작업을 해두면, 시험장에서 어려운 개념을 쉽게 떠올릴 수 있는 것이다. 머릿속에 색인(index)을 만든다고 생각하면 된다.

시험 직전 최후의 암기

시험장으로 출발하기 전, 책가방을 쌀 때 여러분은 어떤 것을 넣는가? 자격증 시험만 수십 번을 본 나도 매번 이것을 고민했다. 처음에는 불안해서 이것저것 다 챙겨갔다. 가방이 무거워서 대중교통을 타고 시험장에 가는 도중에 어깨가 아플 지경이었다.

시험장에 도착하면 시험이 시작되기 전까지 나에게 주어진 시간은 일반적으로 30분에서 한 시간 정도였고, 두꺼운 책을 가지고 와도 긴장해서 눈에 잘 들어오지 않았다. 암기하기에는 가장 중요한 시간인 시험 직전 한 시간을 그렇게 낭비하고 있었던 것이다.

시험을 보면 볼수록 그 마지막 한 시간 동안 암기를 어떻게 효율적으로 할지 고민하게 되었다.

(1) 시험 30분 전에 합격의 디테일을 잡는 최종 노트를 만들자.

시험 전날은 시험장에 가지고 갈 짐을 싸야 하지만, 무엇보다 기억의 보따리를 잘 싸야 한다. 이 기억의 보따리는 시험 전날 만드는 것이 좋다. 신기하게도 시험 전날 적은 내용들은 바로 전날 정확하게 본 내용이기 때문에 시험장에서 대부분 기억이 난다.

잘 외워지지 않는 부분을 따로 적어두자. 시험 시작 30분 전에 그걸 보면서 암기하고 시험을 보자. 이것이 가장 효율적으로 마지막 날을 보내는 방법이다.

(2) 단순 암기, 자주 틀리는 개념 중심으로 보자.

시험 전날 본 내용 중, 내가 꼭 기억해야겠다 싶은 내용, 잘 안 외워지는 내용, 특히 숫자, 공식, 영단어 등 단순 암기 사항을 중심으로 적어둔다. 또한 자신 있는 부분보다 헷갈리는 부분을 중점적으로 정리해두면 좋다.

시험 전날 30분 전에 볼 내용을 한두 쪽으로 정리해두면 정말 효과적이다. 이것을 적어둔 종이만 시험장에 가져가면 되니까, 가방이 무겁지도 않다.

또한 시험 30분 전에 본 내용은 카메라로 사진을 찍듯 머릿속에 정확하게 기억이 남는다. 이것은 내가 '강추'하는 방법이다. 시험 직전은 공부가 부족한 부분에서 점수를 끌어올릴 수 있는 골든타임이니 놓치지 말자.

6장

암기 최적화 루틴

암기는 애쓰는 것이 아니라 저절로 되는 것이다

암기가
생활이 될 수 있도록!

　'자고 일어나기만 해도 다 암기되어 있으면 좋겠다' 하는 생각을 해본 적이 있는가? 사실 나는 자주 꿈꾸었던 일이다. 하지만 현실에서는 저절로 암기가 되는 것은 불가능하다. 그러나 내 생활에 녹인 암기 습관을 만들면, 힘을 덜 들이고 암기할 수 있다.

　습관이 만들어지면 뇌가 시행착오 과정을 건너뛰고 '이런 상황에서는 이렇게 한다'는 규칙을 만들어낸다. 그리고 그와 유사한 상황이 벌어지면 인지적 각본이 자동으로 이어진다. 따라서 습관은 인지 부하를 줄이고 정신의 수용량을 늘려 우리가 다른 일에도 신경 쓸 수 있게 해준다.

암기력을 높이려면 그만큼 뇌의 공간을 확보해야 한다. 그러니 암기하는 방식을 내 생활 습관에 녹여 뇌가 '자연스럽게' 암기할 수 있도록 하면 훨씬 유리하다. 그럼 어떻게 해야 암기가 생활이 될까?

암기는 지겹다는 마음 버리기

"단순 암기는 하기 싫습니다. 계속 같은 것만 보니까 지겹거든요"라고 말하는 수험생이 많다. 이에 대한 나의 답은 다음과 같다.

"시험 당일 가장 문제 풀기 힘든 시험이 무엇인지 아십니까? PSAT(공직적성평가)와 같이 시험 현장에서 문제를 다 읽고 추론해서 답을 찾는 시험이 가장 어렵습니다. 왜냐하면 긴장되는 상황에서 정답을 추론해내는 것도 어렵고, 답을 체크하면서 내가 정답을 찍었는지 확신하기가 힘들기 때문입니다.

반면 단순히 암기해서 푸는 문제는 암기만 확실히 되어 있다면,

100% 확신을 가지고 문제를 풀 수 있죠. 공부하는 과정에서 암기가 고통스러울 수는 있어도, 그 고통은 시험장에서 받을 고통을 나누어서 받는 고통이라고 생각하세요."

이것은 내가 여러 시험을 보면서 느낀 바이기도 하다. 암기로 해결되는 문제라면 차라리 시험장에서는 편하다. 시험장에서는 긴장된 상황에서 문제를 풀기 때문에 긴 문장을 읽는 것도, 그것을 해석하는 것도 어렵다. 차라리 확실히 외우고 있으면 큰 고민 없이 풀 수 있는 단순 암기 문제가 풀기 편하다.

내가 이 점을 늘 강조하는 이유는 암기를 어떤 식으로 바라보는지가 생활 습관 형성에 매우 큰 영향을 주기 때문이다. 근본적인 믿음이 변화하지 않는다면 습관을 바꾸기란 무척이나 어렵다.

예를 들어 손가락을 깨무는 버릇이 있는 사람이 습관을 바꾸려면 단순히 의지만으로 되지 않는다. 오히려 네일숍에 가서 손톱을 관리하기 시작하면서, 물어뜯지만 않는다면 손톱이 정말 건강하고 매력적으로 될 거라는 것을 느낄 수 있다. 그러면 손톱을 물어뜯는 습관을 고칠 수 있게 된다.

암기를 생활로 만드는 일도 마찬가지다. '최종적으로 암기가 도움이 된다'라는 믿음이 필요하다. 나도 처음에는 암기가 매우 지겨웠는데, 암기를 잘 해놓으면 시험장에서 너무 속 시원하게 문제를 풀어낼 수 있다는 것을 경험한 후로는 암기를 더 편하게 받아들이게 되었다.

다른 행동과 결합하라

자연스러운 암기 생활을 만들기 위해 새로운 행동을 만들기보다는 다른 행동에 암기하는 행동을 추가하는 것을 추천한다.

이미 루틴화된 일상생활에 새로운 것을 추가하기란 쉽지 않다. 예를 들어 일요일 아침 10시에 일어나는 사람에게 갑자기 새벽에 축구 하는 루틴을 추가하는 것은 아주 힘든 일이다. 공부도 마찬가지인데, 일요일 아침 10시에 일어나는 사람에게 갑자기 아침 7시에 일어나서 공부하라고 하면 거의 불가능하다.

나 또한 직장생활을 하면서 없는 시간을 쪼개 공부했지만 이런 방식으로 한 적은 없다. 무조건 원래 생활 패턴을 흔들지 않는 범위에서 암기 습관을 붙이는 방식으로 공부했다.

예를 들어 아침을 먹는다고 해보자. 나는 아침 식사는 가볍게라도 하는 편이다. 연구 결과에 따르면 아침 식사를 한 경우 학업 수행 능력이 향상된다.

그래서 아침을 꼭 먹는 편인데, 늘 아침 식사를 하면서 무언가 암기할 내용을 본다. 그때 본 내용을 양치하면서 한 번 더 떠올려보면, 아주 암기가 잘된다. 사실 이 방법은 고등학교 3학년 때부터 해온 습관인데, 시간을 절약하며 암기하기에 아주 좋다.

다른 행동과도 결합할 수 있다. 나는 누군가와 약속이 있을 때 꼭 암기할 것을 가지고 다니는 습관이 있다. 스마트폰이 없었던 시절에는 작은 수첩이나 책 또는 노트를 가방에 넣고 다녀야 했지만, 요즘은 그냥 책이나 노트를 휴대폰 사진으로 찍어뒀다가 본다.

이렇게 하는 이유는 갑자기 생기는 '대기 시간'에 할 것을 만들기 위함이다. 친구와 약속을 했는데 늦는다고 연락이 오면, "응, 알겠어. 천천히 와"라고 하고 암기할 내용을 눈으로 바르는 작업을 한다. 이것은 시험 공부를 하고 있다면 아주 유용한 방법이다.

눈으로 자주 바르기

나는 반복해서 보는 작업을 '눈으로 바른다'라고 표현한다. 앞서 언급했듯, 암기하려 하지 않아도 눈으로 자주 바르면 저절로 암기가 된다.

"자주 봐도 암기가 안 되던데요?"라고 할 수 있는데, '눈으로 자주 바르는 방법'은 엄청나게 자주 해야 한다. 한두 번 덤벨을 들었다고 근육이 생기지 않듯이, 눈으로 바르는 방법은 '가벼운 무게의 덤벨을 매일 들어준다'는 마음으로 봐야 한다.

책상에 포스트잇을 잔뜩 붙여두는 것도 매일 눈으로 한 번씩 보려는 노력의 일환이라고 생각한다. 포스트잇을 붙여두면 한 번이라도 눈이 가니까, 그래도 한 번은 더 볼 수 있지 않을까 하는 생각에서 붙여두었을 것이다.

그런데 실제로 이 방법을 사용해본 사람이라면 그저 포스트잇을 붙여두기만 하고 외우지는 못한 경험이 있을 것이다. 특히 붙여둔 포스트잇의 수가 많아지면, 그저 장식품이 되는 경우가 많으니 주의하라.

포스트잇을 어떻게 활용해야 효과적일까? 나는 의식적으로 포스트잇 내용을 눈으로 바르기 위해 다른 습관을 붙였다. 예를 들면 이런 것이다.

'화장실 가기 전에 한 번 더 눈에 바르기!'

이건 3분이면 충분하다. 화장실 가기 전에 반드시 공부했던 내용 전체를 빠르게 훑고 간다. 한 번 더 눈으로 바르니 확실히 기억에 오래 남는다. 이런 생활 습관이 암기력을 1.5배는 높여준다.

무작정 외워야 할 때 쓸 만한 방법

　내가 고등학생 때 공업 선생님은 늘 "외워라. 외우면 해결되는 거다"라고 말했다. 공부를 하다 보면 역사적 사건이 발생한 연도, 영어 단어, 직장의 조직도 등 이해하지 않고 무작정 암기를 해야 하는 게 있다.

　그런데 '무작정 암기'는 대부분 싫어한다. 왜냐하면 그저 외우겠다고 암기하는 과정은 상당히 지루하고 재미가 없기 때문이다. 게다가 외워야 한다는 압박감이 더해지면 더욱 하기 싫어진다. 따라서 무작정 암기는 최대한 고통스럽지 않게 해야 한다.

세 번부터가 무작정 암기의 시작

처음 공부하는 내용이 즉시 암기가 되는 경우는 많지 않다. 내 경험상 암기할 내용을 익숙하게 느끼려면 최소 3번의 반복이 필요하다. 3번부터가 무작정 암기의 시작이다.

세계 기억력 선수권대회 그랜드 마스터가 된 이케다 요시히로가 쓴《뇌에 맡기는 공부법》에서도 3회 복습을 빨리하는 것이 공부의 완성도를 높일 수 있다고 강조한다. 사람마다 기억력의 차이가 있어 정확한 반복 횟수가 있는 것은 아니지만, 머리에 어느 정도 새겨짐을 느끼려면 3회를 반복해야 한다.

그러니 처음부터 완벽하게 암기하겠다는 압박감을 가지지 말자. 어차피 단순 암기는 3번은 무조건 봐야 하고, 그 이상도 봐야 한다는 마음으로 접근해야 한다.

(1) 첫 번째 볼 때는 '아 그렇구나' 하는 마음으로 읽는다.

처음 공부할 때는 책에서 설명하는 용어들이 너무나 생소하고 어렵게 느껴질 수 있다. 그런데 전체 내용을 한 번 끝까지 본 후 다시 보면, 전체적인 흐름이 머릿속에 들어와서 '이 용어들이 어떤 맥락에 나오는지'를 알 수 있게 된다.

처음 읽을 때는 외우기 어렵다는 생각, 즉 심리적 부담감을 줄이는 작업이 필요하다. 필요한 내용을 모두 암기하려고 하지 마라. 주요 내용만 제대로 인지되도록 읽으면 된다. 예를 들어 영어단어집을 보는 경우라면 핵심 단어만 보면 된다. 책에 있는 예문이나 유의어, 반의어까지 보지 않아도 된다.

(2) 두 번째는 '각 개념이 이렇게 연결되는구나. 그런 내용이구나' 하는 마음으로 본다.

첫 번째 본 내용들이 전혀 기억나지 않더라도 당황하지 않는 것이 중요하다. 대부분 두 번째 볼 때는 처음 본 것과 같은 느낌이 드는데, 공부를 계속하다 보면 차츰 생각이 날듯 말 듯한 느낌이 든다.

(3) 세 번째 볼 때는 익숙함을 느낄 수 있다. 세 번째부터가 본격적인 암기의 시작이다.

그때부터 암기하겠다는 마음으로 보면 된다. 이미 어느 정도 익숙한 단어들이기 때문에 그래도 본 적은 있고, 보고 나면 기억이 난다는 생각이 들 것이다.

시험을 준비하는 경우라면 시험장에 가기 전까지 최소 6~8회를 반복해야 한다. 인과관계가 없는 내용을 암기할수록 반복 횟수를 늘려야 한다. 특히 무작정 암기는 자주 눈으로 보는 것이 좋다. 이렇게 본 내용은 마치 한 장면처럼 기억에 남게 된다.

눈으로 자주 발라두면, 그 장면 장면이 기억에 남게 된다. 3회를 제대로 보았다면, 이후 눈으로 바르는 작업은 속도를 높일 수 있다.

읽고 빠르게 토해내자

무작정 암기를 해야 할 때 눈으로만 바르는 것이 좋을까? 아니면 써보면서 암기하는 것이 좋을까? 무작정 암기를 위해서는 입력뿐만 아니라 '기억을 꺼내는 출력'도 필요하다.

'입력은 눈으로 빠르게' 하고 '이후 출력을 생각'해야 한다. 단어를 외울 때 많은 사람이 여러 번 쓰면서 암기하기도 하지만, 이는 좋은 방법이 아니다. 입력은 눈으로 빠르게 하는 것이 좋다. 쓰면서 외우면 시간이 오래 걸린다. 《Vocabulary 22000》,《토플 보카》를 공부한다면 반의어·유의어를 포함해서 암기하는데, 하루 수십 개의 단어를 암기해야 한다. 한 단어에 10번씩 쓴다고 해도 손이 너무 아프고 시간도 많이 걸린다.

그래서 머릿속에 입력할 때는 빨리 눈으로 보는 방법을 추천한다. 그 후 출력을 해서 암기한 것들을 단단하게 하는 것이 좋다. **일단 빠르게 읽은 후 외운 것을 토해보자.** 소리 내서 읽으면 기억한 것을 꺼내는 효과를 볼 수 있다.

종이에 낙서를 하는 것도 효과적이다. 소위 끄적거림을 하면 기억에 도움이 된다. 플라이마우스 대학의 연구에 따르면, 전화 내용을 들으면서 낙서를 한 집단이 낙서를 하지 않은 집단보다 전화 내용을 29%가량 더 많이 기억했다고 한다.

종이가 없다면 '손가락으로 허공에 적는 것'도 기억력을 높인다고 한다. 적으며 암기하는 것보다 일단 읽은 후 자유롭게 낙서를 하며 다시 상기하는 것 효과적이다. 어떤 방식으로 하든 입력한 것을 다시 출력해보는 과정이 무작정 암기의 완성도를 높인다.

[15분+5분]의 시간 배치

무작정 암기는 지겨워지면 실패한다. 아무 생각 없이 밑줄을 치고 있다면, 이미 그 시간은 비효율적인 시간이 된다. 논리 없이 암기하는 것은 지겨운 작업이지만, 최대한 집중력을 유지하는 시간 범위 내에서 암기하자.

사람마다 차이는 있지만 일반적으로 60분 동안 흐트러짐 없이 집중할 수 있다고 한다. 하지만 무작정 하는 암기일수록 지겹다. 그래서 지겨운 암기를 하는 경우에는 더 짧은 간격으로 공부하는 것이 좋다. 뇌 전문가들도 '15분 공부+5분 휴식'을 권장한다. 나도 무작정 암기를 할 때는 30분을 넘지 않는 범위에서 공부하고 10분 정도 휴식을 했다.

15분 공부+5분 휴식으로 하루 3회(아침, 점심, 저녁) 암기하는 것이 좋다. 암기해야 할 내용이 많다면 2시간마다(하루 6회) 암기하는 시간을 배치하거나, '30분 공부+10분 휴식'으로 공부 시간을 조금 더 늘린다. 집중력이 흐트러지면 오래 공부해도 효과는 떨어진다. 짧은 시간 동안 집중력을 유지해서 자주 암기하자.

반드시 명심해야 할 점

무작정 암기를 잘하기 위한 핵심 요소는 2가지다.

⑴ 무작정 암기해도 될 내용을 굳이 이해하려고 하지 않는다.

영어 단어를 암기하는데 어원을 찾거나 왜 이 단어는 그런 의미일까를 고민해서는 안 된다. 일단 그냥 암기하겠다는 마음으로 보는 것이 좋다.

(2) 빠른 속도를 유지할 수 있어야 한다.

이해가 되지 않는다고 느끼면서 진도를 나가면 '이렇게 공부해도 되나' 하는 생각에 속도가 점점 느려진다. 하지만 암기가 되지 않았거나 이해가 되지 않아도 일단 속도를 유지하며 보자. 그래야 자주 반복할 수 있고, 자주 반복해야 무작정 암기가 가능하다.

직장인에게 추천하는
암기 방법

"직장생활을 하며 공부를 병행 중입니다. 효율적인 암기 방법이 없을까요?"

공무원 시험은 대부분 노량진에서 고시원을 잡고 몇 년간 공부한다는 이미지가 강하지만, 공무원 시험과 관련한 수험상담을 하다 보면 의외로 다른 일을 하며 공부하는 사람이 상당히 많다. 공인중개사, 주택관리사와 같은 다른 자격증 시험까지 포함하면 상당히 많은 수험생이 일과 공부를 병행한다고 볼 수 있다. 이런 사람들일수록 더 효율적인 암기 방법이 필요하다.

효율적인 암기 방법을 만들기 위해서 먼저 할 일이 있다. 자신의 공부 환경을 분석해보는 일이다.

효율적인 암기법을 만들기 위한 전제: 공부 환경 분석

직장인이 공부하는 경우 보통 의지에는 문제가 없다. 왜냐하면 공부에 뜻이 없는 직장인이라면 애초에 시도조차 하지 않기 때문이다.

직장인들은 공부하고자 하는 의욕은 충분한데, 공부할 시간이 부족한 경우가 많다. 시간뿐만 아니라 전업으로 공부하던 시절과 환경이 다르다. 전업 수험생과 직장인의 공부 환경은 보통 이렇게 다르다.

전업 수험생 vs. 직장인

	전업 수험생	직장인
시간	하루 종일	제한적: 출근 전, 퇴근 후, 주말 정도의 가용시간이 있음
공부장소	종일 공부할 만한 장소가 적합	회사, 집, 카페 등 잠깐 있을 만한 장소가 적당

경제력	여유 부족	비교적 여유가 있는 편
기타	비교적 스케줄 변화가 적은 편	업무 상황에 따라 갑작스러운 스케줄 변화가 생길 수 있음

사람마다, 상황마다 조금씩 차이는 있을 것이다. 어떤 상황이든 가장 중요한 것은 시간을 얼마나 낼 수 있는지, 공부할 '공간'을 파악해두는 것이다.

나는 직장생활 13년의 기간 중 10년 정도를 공부했다. 그 10년의 기간에는 일이 상당히 바쁜 적도 있었다. 특히 장관 수행비서로 일했던 때가 그랬다. 장관을 바로 옆에서 보좌하며 모든 스케줄을 함께 소화하다 보니, 아침 7시, 때론 그보다 빨리 일정이 시작되며, 보통 밤늦게 일정이 끝났다. 여름휴가도 없고 갑자기 일이 발생하는 경우를 대비해 항상 대기해야 하며, 휴일에도 연락이 많이 와서 스케줄 변화도 많았다. 직장인이 공부하기에는 최악의 상황이 아닌가 싶다.

그러나 이런 환경에서도 공부할 공간을 잘 파악해두면 시간을 낼 수 있다. 최악의 상황에서 어떻게 공부할 공간을 파악했는지 예를 들어 설명하겠다.(참고로 나는 수행비서 시절에 사이버대학을 다녔었고 한 학기에 12학점을 수강하고 모두 A+를 받았다.) 다음 사항을 고려해서 공부 환경을 분석해보면 공부할 수 있는 '공간'을 만들어낼 수 있다.

업무의 성격 파악: 주로 근무하는 시간대, 위치 등

주로 근무하는 시간대, 근무 장소의 위치 및 이동 여부 등을 파악해야 한다. 장관 수행비서의 경우 여기저기 이동하거나 하루 종일 외근을 하는 경우가 많다. 시도 때도 없이 연락이 온다. 그리고 자주 이동해서 공부할 책을 항상 구비하기 어렵다. 그래서 잠깐 볼 수 있는 공부와 한 번에 집중해서 할 공부를 구분했다.

(1) 잠깐 볼 수 있는 공부의 특징

단순 암기 사항, 내용들이 연결되지 않는 것. 예를 들어 영어 단어는 단어별로 따로따로 암기해야 해서 내용이 연결되지 않는다.

(2) 집중해야 하는 공부의 특징

이해가 필요한 내용, 따로따로 공부하면 연결이 되지 않아

효율성이 떨어지는 것들. 예를 들어 개념 이해가 필요한 공부, 어떤 이론을 학습하고 문제까지 풀어보아야 전체 내용이 완성되는 경우가 있다.

가용 시간 파악하고 공부 전략 짜기

직장인 공부에서 가장 중요한 것은 가용 시간을 파악하는 것이다. 다시 말해 한 주 동안 공부에 활용할 수 있는 시간을 산정하는 것이다.

나는 수행비서로 일할 때 업무 특성상 공부할 수 있는 시간이 절대적으로 부족했다. 그래서 가능한 한 시간이 적게 걸리는 방식으로 공부하려고 했다. 내가 얼마나 공부할 수 있는지에 따라 암기에 더 집중할지, 아니면 조금 더 깊게 이해를 바탕으로 공부할지가 결정된다.

공무원 시험을 예로 들어보자. 전업 수험생의 경우 주 60시간 정도를 공부한다. 하지만, 직장인의 경우 한 주 35~40시간 이상 확보하기 쉽지 않다. 공부 시간을 최대한 확보를 해도 전업 수험생의 3분의 2 정도밖에 확보하지 못한다.

만약 경쟁자보다 20~30% 정도 공부 시간이 부족하다면 이해보다 암기에 중점을 두는 것이 좋다. 그래서 나는 수행비서를 하는 동안 공부할 때는 원리를 이해하기보다 필요한 것들만 외우자는 마음으로, 빠르게 줄여서 정리하고 잠깐 시간 날 때마다 암기하는 전략으로 공부했다.

'원리를 이해하는 공부'는 이것은 왜 그렇고, 저것은 왜 저런지 하나하나 따져가며 학습하는 방식이다. 그런데 직장인에게는 '그냥 그렇구나' 하고 때려 박듯이 암기하는 전략이 더 효율적이다.

반면 공부 시간을 경쟁자들과 비슷하게 확보할 수 있다면, 차근차근 원리부터 이해하면서 기초를 탄탄하게 쌓는 방식이 장기적으로 유리하다. 하지만 직장인들은 대부분 시간이 없기에 탄탄하게 공부하는 것은 현실적으로 어려운 경우가 많다. 그래서 다양한 암기 방법을 활용하는 것이 전략상 유리하다.

일과 병행할 때 쓸 만한 방법

업무와 병행하려면 어쩔 수 없이 암기에 의존할 수밖에 없다. 조금 더 정교한 암기 방법으로 공부의 효율성을 높이자.

(1) 암기할 양을 조각 내라.

많은 양을 공부하기 어려운 직장인이라면 더 적은 양으로 쪼개라. 아무래도 직장인은 한 번에 집중할 수 있는 시간이 부족하다. 점심 먹고 잠시 공부한다고 해도 20~30분 남짓이다. 예를 들어 '토플 보카' 교재를 샀는데, 그 교재가 일자별로 나누어져 있다면, 하루치(이를테면 DAY 1)를 3등분하는 것을 추천한다. 아침에 3분의 1, 점심 먹고 3분의 1, 집에 와서 진짜 잠깐의 의지력을 발휘해서 3분의 1을 본다.

(2) 가성비가 좋은 암기를 한다.

바쁜 업무 여건에서는 가성비가 좋은 방식으로 암기해야 한다. 가성비 좋은 암기법은 한마디로 요약하면 '짧고 굵은 암기법'이다. 일단 한 번에 길게 공부하겠다는 마음은 버리는 것이 좋다.

퇴근 후 저녁 식사를 하고 책을 들면 최고의 수면제가 된다. 그래서 퇴근 후 공부한다는 것이 정말 힘들다. 나는 어차피 잠을 쫓는 것이 불가능하다면 차라리 잠시 자고 개운한 상태에서 암기해야겠다고 마음먹었다. 오래 본다고 머릿속에 들어오는 것은 아니니 개운한 상태에서 짧고 굵게 암기 위주로 하는 게 나을 수 있다.

그래서 나는 주중에는 깊이 있게 공부해야 하는 내용이 아니라 단순 암기 위주로 배치했다. 퇴근 후 30분 정도 자고 일어나서 개운해진 상태에서 딱 한 시간만 공부하자는 마음으로 공부했다.

(3) 자기 전 10분간 암기하는 습관을 들여라.

앞서 언급했듯 잠자기 전에 내용을 한 번 더 보는 것은 암기에 너무나 좋다. 사실 전업 수험생일 때는 그렇게까지 치밀하게 공부하지는 않았지만, 가성비를 따져야 하는 직장인이 되어서는 최대한의 효율을 내기 위해 매일 밤 자기 전에 누워서 잠시 공부한 것들을 눈으로 바르고 자니 확실히 시간을 효율적으로 쓸 수 있었다.

(4) 더 작은 노트로 암기하라.

직장인은 휴대성이 중요하다. 수행비서로 일할 때 손바닥만 한 크기의 수첩을 사용했다. 가지고 다니기 좋아서 많은 비서가 애용하는 수첩인데, 거기에 암기해야 할 것들도 적어두고 자주 보았다. 가성비 있는 암기를 위해서는 휴대성이 중요하다. 요즘은 휴대하기 좋은 태블릿 PC가 많이 나오니 가성비 있는 암기를 하기 좋아졌다.

여러 암기법을 합쳐
시너지를 내는 기술

지금까지 효율적인 암기법들을 소개했다. 여기서는 여러 암기법을 잘 결합해서 시너지를 내는 방법과 주의할 점에 대해 다루고자 한다.

앞서 어떤 것을 암기하기 위해서는 기존 정보를 임팩트 있게 연결하면 좋다고 했다. 그런데 이 방법에는 부작용이 있다. 함께 공부해야 할 다른 내용은 생각나지 않고 임팩트 있게 암기한 부분만 생각날 수 있다는 것이다.

시너지가 나는 암기법의 조합

두문자 암기법에서도 언급했듯, 두문자를 외우면 두문자만 기억이 나고 두문자의 의미는 잊어버리는 경우가 있다. 무조건 많은 방법을 사용하는 게 능사는 아닌 것이다. 필요한 암기법을 시너지 있게 결합하는 것도 전체적인 암기 성과를 내는 데 필요한 기술이다.

(1) 유치하게 두문자 만들기

두문자를 평범하게 따는 것보다는 조금 더 재미있게 따는 것이 기억에 남는다.

예를 들어보자. 작은 정부를 주장한 사람은 하이에크이고, 신자유주의가 작은 정부를 주장하는 사상적 기반이 되었다. 그리고 영국의 대처리즘, 미국의 레이거노믹스는 작은 정부를 지향했다.

> 대처리즘: 마거릿 대처 전 영국 총리가 영국 경제를 살리기 위해 추진했던 사회·경제 정책을 통칭하는 말로 공기업 민영화, 재정 지출 삭감, 규제 완화와 경쟁 촉진 등을 포함함
> 레이거노믹스: 미국 제40대 대통령 레이건에 의하여 추진된 경제 정책으로 감세 등을 주장

여기서 기억해야 할 키워드만 뽑으면 다음과 같다.

작은 정부: 하이에크, 신자유주의, 대처리즘, 레이거노믹스

이제 이것을 암기하려면 두문자를 따야 하는데, 두문자를 딸 때 이왕이면 유치하게 뽑자. '하이 작은 신대철씨~'로 기억하면 거의 잊기 어렵다. 이런 방식은 상당히 많은데, 또 다른 예를 들어보겠다.

> 파킨슨의 법칙이란 업무와 관계없이 공무원 수는 증가하는 현상을 의미한다. 영국 해군성에 대한 실증분석 결과 1914년부터 1928년까지 해군장병(31.5% 감소)과 주력 함정 수(67.74% 감소)는 크게 줄었지만, 같은 기간 해군본부 관리자수는 78.45% 증가하는 현상을 영국의 역사학자이자 경영연구자, 노스코트 파킨슨(C. Northcote Parkinson)이 발견하여 이를 파킨슨의 법칙이라 부른다. 이런 일이 생기는 이유로 부하배증의 법칙(공무원은 과중한 업무에 허덕이게 될 때 경쟁자를 늘리기보다 부하직원을 늘리기를 원함)과 업무배증의 법칙(부하직원이 늘어나면 지시, 보고의 과정이 생겨 추가적인 일거리가 늘어남)을 꼽았다.

이 많은 내용을 줄이면 다음과 같다.

파킨슨의 법칙: 업무와 **관계없이** 공무원 수는 증가, 이유는 **부하배증의 법칙, 업무배증의 법칙**임

여기서 기억해야 할 내용을 두문자로 만들면, '**관계없는 부업**이 증가하여 파킨슨씨 공무원 채용'이 된다.

(2) 그루핑 후 두문자 만들기

앞선 사례에서 균형성과표의 4가지 관점의 산출지표를 그루핑했다.

재무적 관점: 자본 수익률, 매출, 예산 대비 차이

고객 관점: 고객만족도, 정책순응도, 신규 고객의 증감, 민원인의 불만율

내부프로세스 관점: 의사결정에의 시민참여, 공개, 조직 내 커뮤니케이션 구조, 적법적 절차

학습 및 성장의 관점: 학습동아리 수, 내부 제안건수, 공무원의 직무만족도

그루핑을 할 때는 그루핑 암기법을 사용하지만, 그룹핑한 이후 각각의 산출지표를 암기할 때는 두문자 암기법을 사용하

는 것이 좋다.

재무적 관점은 '재자매예~', 고객관점은 '고정 신민', 내부 프로세스 관점은 '내의 공구적', 학습 및 성장 관점은 '학제직' 과 같이 두문자를 따면 전체적으로 그루핑한 내용들의 세부 사항까지 모두 암기할 수 있다.

암기법을 조합할 때 유의할 점

암기법을 그룹핑할 때는 유의해야 할 점이 2가지 있다.

(1) 시너지가 나는 가장 큰 조건, 차원이 달라야 한다.

세부 내용 암기법과 세부 내용 암기법을 합치는 것보다는, 그루핑 암기법과 같은 전체를 조망하는 암기법과 세부 내용을 암기하는 두문자 암기법을 합칠 때 더 시너지가 생긴다.

예를 들어 세부 내용을 암기하기 위해 스토리 암기법과 두 문자 암기법을 한꺼번에 사용했다고 해보자. 앞의 사례에서 생계형 부패를 암기하기 위해 〈범죄와의 전쟁〉 영화의 스토리 를 연결했는데, 여기서 다시 '생적권상(생계형 부패: 적은 소득을 보충해 생계를 유지하기 위한 부패, 권력형 부패: 상위직 공무원에 의해 행해지는 부패)'과 같은 두문자를 만들면 오히려 추가로 암기할 글자만 늘어날 뿐 암기 효과가 커지지 않는다.

(2) 암기법에 너무 의존하지 말자.

시너지를 내기 위해 너무 많은 암기법을 사용하면 암기법만 기억날 수 있다. 여러 암기법을 사용하는 사람들의 가장 큰 문제점이 너무 암기법에만 의존한다는 것이다. 이런 증상은 두문자 암기법에서 도드라지게 나타난다. 수험생들 중에는 두문자를 추가로 더 따달라고 나에게 부탁하는 경우도 있고, 두문자 암기집을 따로 만드는 경우도 있다.

두문자를 따는 습관을 들이면 무엇이든지 일단 두문자를 만들고 보려는 사람이 많은데, 이는 바람직하지 않다. 모든 암기법은 이해를 동반하는 것이 좋다. 먼저 개념을 이해한 후 여러 암기법을 조합해보려는 노력이 필요하다. 개념도 제대로 파악하지 못한 채 암기만 하다 보면, 시험이 다가올수록 '이게 왜 이렇지?' 하는 의문만 남게 된다.

이렇다 보니 실제로 시험 열흘 전인데 초반에 공부했어야 할 개념을 물어보는 경우가 상당히 많다. 시험 직전에 용어의 뜻과 이론의 전반적인 의미에서 의문이 생긴다면, 이것은 분명히 처음에 아무 생각 없이 암기부터 하는 공부법을 선택했다는 뜻이다.

　늘 말하지만, 암기는 시험 직전에 많이 하면 된다. 그전에
는 암기 스킬보다 전체적인 이해에 초점을 두고 학습하는 것
이 나중에 암기량을 폭발적으로 늘리는 데 도움이 된다. 이것
은 마라톤을 할 때 막판 스퍼트를 위해 초반에 스퍼트 관리를
하는 것과 유사하다.

특별하고 특이한
암기법들

시험공부에서 암기는 중요하다. 아무리 이해한 내용이라도 암기하지 못했다면 답을 맞히기 어렵다. 반면 벼락치기로 학습한 내용이라도 일단 암기만 했으면, 당장 있을 시험에서 어느 정도의 성과는 기대해볼 수 있다.

결국 시험에서 암기는 점수와 직결되는 중요한 부분이다. 자주 반복하기, 문제 많이 풀어보기, 여러 번 써보기 등 일반적으로 통용되는 효율적인 암기법은 이미 알고 있을 것이다. 그런데 시험에 맞는 나만의 특별한 암기 비법을 가지고 있으면 더욱 좋다.

여기에서는 내가 공부하면서 사용했거나 주변 친구들에게서 본 특이한 암기법을 소개하고자 한다. 특이한 암기법 중 자신에게 맞는 방법이 있다면, 따라 해보는 것을 추천한다.

서울대 최상위권 학생들이 암기하는 방법

서울대를 우수한 학점으로 졸업한 내 친구의 방법이다.

학기 중 자신이 듣는 모든 수업을 녹음한다. 각 과목의 시험 보는 날이 정해지면 시험 보기 1~2주 전부터 녹음해둔 전체 수업을 반복해서 들으며 노트를 다시 정리한다. 다시 노트를 정리할 때는 교수의 설명을 자세하고 빠짐없이 적는다.

시험 직전까지 노트를 만들고 시험 전날부터 밤을 새우며 무한 반복해서 본다. 직전에 만든 노트라 한 번 보는 데 시간이 그리 오래 걸리지는 않는다. 시험장에서 답을 적을 때 교수가 설명한 방식 그대로 옮겨 적는다.

이 방법은 학교 중간·기말고사를 대비할 때 사용하면 유용하다. 이미 한 번 들은 수업을 반복하여 들으며 정리하는 과정에서 잘 이해되지 않은 부분도 이해가 된다.

또한 시험에 임박해서 정리하기 때문에 암기하려고 의식

적인 노력을 하지 않아도 자연스럽게 암기할 수 있다. 노트 정리가 잘되어 있어 시험을 본 이후에도 필요할 때 공부한 내용을 찾아보기 좋다.

주관식 시험인 경우 교수가 설명한 방식 그대로 답안지에 적을 수 있어 고득점을 하는 데 유리하다. 하지만 시험 직전에 모든 수업을 다시 들으며 노트를 정리해야 해서 상당한 체력과 끈기가 필요하다는 단점이 있다.

- **장점**: ① 노트를 정리하는 과정에서 자연스럽게 암기가 됨
          ② 꼼꼼하게 정리하여 빠짐없이 공부를 할 수 있음
- **단점**: ① 노트를 다시 정리하려면 너무 많은 시간이 소요됨
          ② 완벽하게 정리할수록 빌려달라는 친구들이 많아짐

'내용이 있는 장소'만 암기하는 방법

내가 장관 수행비서로 일할 때의 경험이다. 수행비서 업무 성격상 여러 가지 분야의 내용을 많이 암기하고 있어야 장관을 잘 보좌할 수 있다. 모든 것을 다 암기하고 있으면 가장 좋겠지만 앞으로 한 달간의 스케줄, 수백 명의 직원 인사 정보,

구체적인 업무 내용 등을 모두 암기하는 것은 현실적으로 불가능하다.

또한 보고의 내용은 정확해야 한다. 조금이라도 오류가 있으면 큰 문제가 발생할 수 있기 때문이다. 그래서 나는 분야별로 내용을 정리해서 가지고 다니다가 장관이 물어보는 것이 있으면 바로바로 찾아보고 답했다.

여기서 중요한 것은 '물어보는 내용이 어디에 있는지'를 암기하고 있어야 한다는 것이다. 내용이 있는 장소만 암기하면 정확한 내용을 신속하게 꺼내서 답할 수 있다.

이 방법은 암기할 양이 다양한 분야로 나뉘어 있고 내용 간에 인과관계가 없는 경우에 사용하면 좋다. 직장인이 사이버대학을 다니는 경우나 회사에서 제공하는 온라인 강의를 이수해야 하는 경우, 대학에서 오픈북으로 시험을 볼 때도 이 방법을 사용하면 효과적이다.

시험 볼 때 책을 찾아볼 수 있으면 굳이 공부한 내용을 암기하려고 노력할 필요는 없다. 어디에 무엇이 나오는지를 알고만 있어도 시간 내에 문제를 풀 수 있으므로 '내용이 있는 장소'를 암기해두는 것이 효율적이다.

예를 들어 직장인이 학점을 따기 위해 사이버대학을 다니는 경우, 중간·기말고사를 보게 되는 때 시험 범위가 만만치 않다. 모든 내용을 암기하기란 더더욱 어렵다. 그래서 나는 내용의 위치만 체크해두었다. 문제를 먼저 확인한 후, 문제와 관련된 내용이 어디 있는지 위치를 확인하고, 관련 부분을 찾아가서 내용을 보며 문제를 풀었다.

일반적으로 시험 범위가 방대해서 위치를 체크해두지 않으면, 아무리 책을 찾아보면서 문제를 풀 수 있다고 해도 시간 내에 풀 수 없으므로 꼭 위치를 암기해두어야 한다.

- **장점**: 내용을 암기하지 않아도 빠르게 답을 할 수 있음
- **단점**: 평소에 내용 정리를 잘해두어야 함

내 언어로 바꾸는 방법

암기는 내가 하는 것이므로 내가 알아들을 수만 있다면, 어떤 단어로 암기해도 무방하다. 그래서 내가 알고 있는 가장 유치한 단어와 연결하여 연상하는 방법을 사용하는 것도 암기에 도움이 된다.

예를 들어 '토빈(J. Tobin)과 노드하우스(W. Nordhaus)

는 GDP 개념이 사회후생 수준을 잘 반영하지 못한다는 한계점을 보완하기 위해 경제 후생 지표(Measure of Economic Welfare: MEW)를 만들었다'는 내용을 암기하려고 할 때 '토빈이 누드 하우스에 들어가니 후생이 좋아졌다'로 암기한다. 가장 유치한 단어로 바꾸면서 내가 알고 있는 기존 정보를 가장 임팩트 있게 연결하는 것이다.

매일 말할 때 암기할 내용을 반복하여 암기 효과를 극대화하는 것도 내 생활에 밀착해서 암기하는 방법이다. 나는 대학교 1학년 때 교양으로 한자 수업을 수강했는데, 사자성어를 암기하기 위해 친구와 매일 사자성어를 대화 내용에 넣어 말했다(채팅창과 게시판에 적는 글에도 사자성어를 포함하고 사자성어를 포함하지 않을 시 벌금을 내기로 했다).

그러다 보니 말을 하기 위해서라도 많은 사자성어를 숙지하기 시작했다. 한 학기 내내 인터넷으로 상황별로 필요한 사자성어를 찾아보고 반복하여 사용하면서 자연스럽게 암기할 수 있었다.

- **장점**: 효율적인 암기법을 결합하면 시너지가 크고 기억에 오래 남음

- **단점**: 모든 암기 사항에 효율적인 암기법을 만들려면 많은 노력과 시간이 필요함

특이한 암기법이라고 하더라도 사실 효율적인 암기법의 원리에서 크게 벗어나지는 않는다. 그래도 이처럼 나만의 특별한 암기법을 가지고 있으면 여러모로 도움이 된다. 상황에 따라 이런 암기법을 조금만 다듬어도 시간 대비 높은 효율을 얻을 수 있다.

많은 사람이 자기만의 방법을 개발해가며 암기를 위해 끊임없이 노력하고 있다. 다른 사람들의 특이한 방법을 참고하여 자신만의 방법을 찾아나가길, 그렇게 조금이나마 수험 공부의 어려움을 덜어낼 수 있길 바란다.

자신을 믿어야
암기력이 단단해진다

"공부를 다시 해볼까 합니다. 예전에 공부했던 것들이 다시 기억이 날까요?"

육아를 하다가 경력이 단절되어 공무원 시험에 도전하려는 사람, 대학을 나온 후 인턴, 알바를 거쳐 작은 회사를 다니다가 자격증 시험을 보려는 사람 등 다시 공부를 시작하려는 사람들이 나에게 가장 많이 하는 질문이다. 나는 늘 이렇게 답한다.

"걱정하지 마세요. 당신의 노력은 없어지지 않습니다."

암기도 마찬가지라고 생각한다. 암기한 노력은 없어지지 않는다.

오래전의 추억이라도 어떤 계기가 있으면 그 기억이 떠오른다. 어렸을 때 친구들과 놀았던 골목길이나 이성친구와 이별을 고했던 장소에 다시 가면 그 기억이 떠오르듯이 말이다.

이전에 공부했던 내용이 당장 기억나지 않을 수 있지만, 몸이 기억하고 있다가 어느 순간 다시 생각이 나게 된다. 암기 노력도 마찬가지다. 지금 기억해둔 암기 방법들 역시 무엇을 공부하든 다시 살아나서 도움을 줄 것이다.

흔들릴 때마다 기억해야 할 것들

나 또한 지금까지 빠르고 효율적인 암기를 위해 많은 노력을 했는데, 그 과정에서 얻은 교훈은 다음 5가지다.

(1) 노력을 의심하지 마라. 나의 몸 어딘가에 남아 있다.
어떠한 공부 경험이 나에게 실패가 되었다고 해도 그 경험은 남아 있다. '서울대 최상위권 학생들의 특이한 암기법' 중 '내용이 있는 장소'만 암기하는 방법은 이후 사이버대학교를 다니며 시험을 볼 때 상당히 유용하게 써먹었던 기억이 난다. 예전에 익혀둔 방법을 다시 잘 활용했던 사례다. 지금 익힌 암기 방법들이 자산이 된다는 점을 명심하자.

(2) 반복만큼이나 각인의 노력은 필요하다.

'암기는 반복'이라는 말을 맹신해서 아무 생각 없이 무조건 반복하는 것만이 답이라고 착각하는 경우가 있다. 물론 반복을 통해 기억이 단단하게 형성된다.

하지만 '아무 생각 없이 그저 반복'하는 것만으로는 암기가 되지 않는다. 무엇을 기억해야 하는지, 시험에 어떤 식으로 바꾸어 나오는지 등을 명확하게 인지해가며 암기해야 한다. 그래야 시험 날 정확하게 기억이 난다.

만약 20번을 보았는데 기억이 나지 않는다면, '각인'의 노력이 부족했을 가능성이 크다. 그저 반복하기보다 정확하게 기억하려는 노력이 동반되어야 한다.

(3) 정리가 선행되어야 암기가 된다.

결국 암기라는 것은 '머리에서 꺼내 쓰는 것'이다. 방에서 물건을 찾아 꺼내 쓰려면 정리가 잘되어 있어야 한다. 그래야 물건이 어디에 있는지 알 수 있기 때문이다.

기억도 마찬가지다. 정리가 잘되어 있어야 꺼내 쓸 수 있다. 기억이 난다는 것은 머리에서 꺼내 쓰는 것이고, 정리가 잘되어 있으면 그만큼 꺼내 쓰기가 좋다.

(4) 시험 직전에 암기량이 극대화될 수 있게 전략을 세워야 한다.

우리가 기억하는 것은 시점마다 다르다. 몸 컨디션이 매일 달라지듯, 내가 암기하고 있는 양도 매일 다르다. 시험에 합격할 정도의 실력을 가진 사람도 시험 후 한 달이 지나면 기억하는 양이 많이 줄어든다.

결국 '시험 보는 그날'에 많이 기억이 날 수 있도록 전략을 세워야 한다. 즉 시험 공부 초반에는 암기보다 이해에 집중하고, 시험 직전에 폭발적으로 암기량을 늘려야 한다. 시험 보는 당일에 많이 기억하는 것이 수험생의 목표이기 때문이다.

(5) 여전히 자신감은 중요하다.

무엇을 하든 자신감이 가장 중요하다. 암기도 마찬가지다. 내가 잘할 수 있다고 생각해야 잘할 수 있다. 아마 처음 암기를 하면 내가 노력했던 것보다 암기 결과가 좋지 않다고 느낄 것이다. 몇 번 보아도 '기억이 날 듯 말 듯한데?'라고 느낄 수도 있다. 대부분의 사람이 그렇게 느낀다.

그런 걸로 자신감이 떨어질 필요는 없다. 나를 믿고 자신감을 가지는 것이 무엇보다 필요하다. 내가 확실하게 알고 있다는 확신, 해낼 수 있다는 자신감이 있어야 기억이 더욱 단단해진다.

그리고 이 책의 내용을 기억하는 한, 반드시 해낼 수 있을 것이다. 이제는 원하는 시험에 합격하는 꿈을 이룰 시간이다. 여전히 나는 그렇게 믿고 있다.

참고 문헌

- 이케다 요시히로 저, 《뇌에 맡기는 공부법》, 쌤앤파커스, 2018
- 〈어린이 과학동아〉, '과학용어 따라잡기', 동아사이언스
- 모기 겐이치로 저, 《뇌가 기뻐하는 공부법》, 이아소, 2009
- 이케가야 유지 저, 《세상에서 가장 재미있는 61가지 심리실험》, 사람과 나무사이, 2019
- 제레드 쿠니 호바스 저, 《사람은 어떻게 생각하고 배우고 기억하는가》, 토네이도, 2020
- 이케가야 유지 저, 《세상에서 가장 재미있는 63가지 심리실험》, 사람과 나무사이, 2018
- 〈파이낸스 뉴스〉 '한국, 국가별 평균 IQ 순위서 4위..."지능지수 가파른 성장세"'(2022.7.16.)

- 말콤 글래드웰 저,《아웃라이어》, 김영사, 2019
- 다니엘 핑크 저,《언제 할 것인가》, 알키, 2018
- 〈한겨레〉 '4당 5락? 잠자는 동안 뇌는 낮에 공부한 내용 복습한 다'(2019.5.18.)
- 요시다 다카요시 저,《누구나 천재가 될 수 있다 뇌 자극 공부법 합격바이블》, 지상사, 2009
- 경선식 저,《경선식 수능 영단어》, 경선식에듀, 2021
- 도미니크 오브라이언 저, 김성준 역,《기억력의 신》, 팬덤북스, 2019
- 개러스 무어 저,《기억력 천재 게으른 뇌를 깨워라》, 미디어숲, 2019
- 마크 티글러 저,《기적의 뇌 사용법》, 김영사, 2016
- 우쓰데 마사미 저,《0초 공부법》, 매일경제신문사, 2017
- 하야시 나리유키 저,《아주 짧은 집중의 힘》, 위즈덤하우스, 2021
- 김미현 저,《14세까지 공부하는 뇌를 만들어라》, 메디치미디어, 2017
- 〈매일경제〉 "9급 공무원시험 31년 만에 최저"…올해 경쟁률 얼마인가 보니(2023.3.8.)
- 인사혁신처 사이버국가고시센터 통계자료
- 윤은영 저,《뇌를 변화시키는 학습법》, 한국뇌기능개발센터, 2016
- 모티머 J. 애들러 저,《독서의 기술》, 범우사, 2011
- 이준구 저,《미시경제학》(제4판), 문우사, 2019
- 이형재 저,《직장인 공부법》, 21세기북스, 2021

- 행정학 카페 합격 수기
- 공단기 수강 후기 https://gong.conects.com/gong/teacher/v2/review?teacher_id=116
- 제임스 클리어 저,《아주 작은 습관의 힘》, 비즈니스북스, 2019
- 박기영 저, 「아침식사와 청소년 건강」, 〈대한소아소화기영양학회지〉, 2011

반드시 한 번에 합격하는
초압축 암기법

초판 1쇄 발행 2023년 11월 15일
초판 4쇄 발행 2023년 11월 22일

지은이 이형재
펴낸이 이경희

펴낸곳 빅피시
출판등록 2021년 4월 6일 제2021-000115호
주소 서울시 마포구 월드컵북로 402, KGIT 16층 1601-1호